ポジティブな行動が増え、
問題行動が激減！

PBIS 実践マニュアル&実践集

栗原慎二 編著

ポジティブな行動が増え、問題行動が激減！
ＰＢＩＳ実践マニュアル＆実践集
✳ もくじ ✳

プロローグ　日本でＰＢＩＳ実践が広がるために　栗原慎二 … 4

第1章　ＰＢＩＳの基礎理解

1 全米に広がるＰＢＩＳ　バーンズ亀山静子・中川優子 … 10

2 特別支援教育とＰＢＩＳ　バーンズ亀山静子 … 15

3 ＰＢＩＳのベースにある応用行動分析　庭山和貴 … 19

第2章　ＰＢＩＳ実践マニュアル

1 学級全体で取り組むＰＢＩＳ　松山康成 … 26

2 学校全体で取り組むＰＢＩＳ　枝廣和憲 … 38

3 個別支援としてのＰＢＩＳ　松山康成 … 50

付録

ＰＢＩＳ実践で使えるカード・ワークシート集　松山康成・枝廣和憲 … 88
＊付録のカードやワークシートは、ほんの森出版のホームページの本書の紹介コーナーから、
　Ａ４判のカラーデータがダウンロードできます。

第3章 やってみよう！ PBIS実践集

1 【小学校】学級全体で取り組むPBIS
学級目標を活用して、だれもが安心して過ごせる学級チームづくりを　滝川優 … 56

2 【中学校】学校全体で取り組むPBIS
「だれもが行きたくなる学校づくり」を推進するPBIS　松本一郎・三宅理抄子 … 60

3 【高　校】PBISを活用したポジティブな学級づくり
カルテ方式で自己管理＆いいところ探し　大西由美 … 64

4 【部活動】ポジティブな環境で生徒主体の部活動に！　山下晴久 … 68

5 【個別支援】継続的な問題行動が見られる子へのPBIS　沖原総太 … 72

6 【個別支援】特別なニーズのある子へのPBIS　渡邉悦子 … 76

7 【管理職】取り組むきっかけをつくり、
継続のために声をかけ続ける　佐藤博昭 … 80

8 【アメリカ】学校全体で取り組むPBIS
豊かな社会人、市民になることを願って　中川優子 … 84

おわりに　栗原慎二 … 95

プロローグ
日本でPBIS実践が広がるために

栗原慎二

日本の生徒指導のやり方は限界に来ている

　「日本の生徒指導のやり方は限界に来ている」——いきなり刺激的な言葉ですが、これは決して大げさな話ではありません。

　例えば小学校の不登校発生率は、1996年度が0.24％、2016年度が0.42％で1.75倍になりました。中学校では1996年度が1.65％、2016年度が3.01％で1.82倍です。暴力行為については小学校が深刻で、調査が始まった1997年度は1,432件、2016年度は22,847件で、16倍になっています。2016年度に自殺した児童生徒は244人でした（文部科学省、2017）。また、引きこもりが50万〜70万人、親和群を含めると200万人くらいいるのではないかと推計されています（内閣府、2010、2016）。

　こうした数値を見るたびに思うのは、日本の学校教育が時代の変化と子どもたちの変化に追いついておらず、一種の機能不全に陥っているのではないかということです。こうした事態に日々直面している教師は追い詰められた状態にあり、精神疾患で休職する教師は年間5,000人を超えます。年度末を機に退職する教師や、服薬しながら仕事を続けている教師を含めれば、相当な割合の教師がすでに限界を超えていると考えてよいでしょう。その大きな原因は「生徒指導上の問題」で、しかも50代のベテランの教員が最も厳しい状態にあります（文部科学省、2012）。

　こうした状況はおそらく、発達障害や家庭背景の複雑な児童生徒が増え、問題が複雑化・深刻化する状況に教師の理解が追いつかず、その結果、指導の具体策も浮かばない状態になっているのではないかと私は考えています。かといって何もしないわけにもいきませんから、なんとかしようと経験と勘と試行錯誤で対応するのですが、なかなか事態は好転せず、日々勃発する問題行動に心身ともに追い詰められ、結果として過度な叱責や制裁的な指導に頼るといった事態も生じてしまうわけです。しかしそうした指導はさらなる指導困難を生み、保護者からのクレームなどと相まって教師としての自信や誇りは傷つけられ限界を超えてしまうわけです。

ただ、追い詰められているのは教師だけではありません。こうした指導によって不登校になる児童生徒は実に多く、時には死に至るケースすらあります。にもかかわらずこうした指導方法から抜け出せない教師は少なくありません。「従来の方法は通用しないとわかり始めてはいる。しかし、それに代わる方法が見つからない」のです。

ＰＢＩＳに着目する理由 ❀ ✦ ❀ ✦ ❀

　私がＰＢＩＳ（Positive Behavioral Interventions and Supports：ポジティブな行動介入と支援）に注目するのは、それがこうした行き詰まり状態にある日本の生徒指導のやり方を変化させる可能性をもっていると考えるからです。

　なぜかと言いますと、そもそも「経験と勘に基づく指導」とは、実践の中で得られた「主観的データ」を、「経験に照らし合わせて」「個人で」「直感的に判断」するということです。私は、こうした生徒指導のやり方が機能不全を引き起こしていると思っています。

　では日本は今、こうした問題にどう対応しようとしているのでしょうか。端的に言えば、スクールカウンセラー（ＳＣ）やスクールソーシャルワーカー（ＳＳＷ）を常勤化し、多様な専門性をもった関係者がチームとして動くことによってです。このこと自体は大いに歓迎すべきことだと考えますが、ＳＣやＳＳＷの常勤化は「対処的な支援を厚くする」という枠組みであって、不登校等の温床となっている教室や授業での教師の実践のあり方を変えるためのものではありません。別の言い方をすれば、ＰＢＩＳのような「データと理論に基づく実践を広げる」ための取り組みでも「予防的・開発的な介入と支援を徹底することによってポジティブな行動を増やす」取り組みでもありません。

　私が言いたいのは、ＳＣ・ＳＳＷの配置やチーム学校という施策は、13万人もの児童生徒を不登校にし、200万人を超える引きこもりとその親和群を生み出し続けている現行の生徒指導のあり方自体を見直すことと相まって、初めて大きな効果を上げるのではないかということです。

　では生徒指導のあり方をどのように変えたらいいのでしょうか。私は、「主観的データ」ではなく「蓄積された客観的データ」を、「経験」ではなく「理論に照らし合わせて」、「個人」ではなく「チームで」、「直感」ではなく「熟議によって判断」し、「叱責や制裁的指導によって問題行動を減らそうとする」のではなく「ポジティブな介入によってポジティブな行動を増やす」方向の生徒指導へと変えていくことだと考えています。

　実は、今ここに書いたような生徒指導のあり方がＰＢＩＳなのです。ＰＢ

ＩＳという言葉が生まれたのは1996年です。以来、約20年が過ぎました。日本で不登校や暴力行為といった教育課題の解決に有効な手段を見いだせずにいる間に、アメリカでは約13万校の初等中等教育学校のうち、約20％にあたる約2万6000校がＰＢＩＳを導入し、明白な成果を上げています。

日本への導入にあたって

ではＰＢＩＳを日本に持ち込むことは可能でしょうか。

私は可能だと思っています。ただ、同時に、そのプロセスは容易ではないとも思っています。第1章でバーンズ先生と中川先生が指摘しているように、ＰＢＩＳの実施には、「十分でしっかりとした定期的な研修」を繰り返すことが必要です。米国教育省特別（支援）教育プログラム局発行のＰＢＩＳ実施構想には〈リーダーシップチーム〉〈財源〉〈透明性〉〈行政からの支援〉〈ポリシー〉〈研修能力〉〈コーチング能力〉〈評価能力〉〈行動科学の専門性〉の重要性が指摘されています。これを日本に当てはめると、〈財源〉1つとっても「最低3年間分の運営を賄う安定した資金を確立する」ことは難しいでしょうし、〈行政からの支援〉を期待できる行政区は数少ないでしょう。さらに、ＰＢＩＳの基本である「データと理論」に基づくという視点は、残念ながらまだ日本には十分定着はしていません。

また、米国教育省特別（支援）教育プログラム局は、ＰＢＩＳ導入にあたってだれが何をどうすればよいのかを示していますし、運営にあたっての評価表も示しています。ですから各学校はその評価表に従って実践を行い、評価し、改善をすることが可能です。教育委員会もそれを支援します。このような体制がアメリカにはありますが、日本にはありません。ガイドラインと指導や支援がない状態で実践をつくり上げていくのはなかなか困難です。

また、仮にガイドライン等があったとしても、アメリカのＰＢＩＳのやり方が日本にまったくそのまま当てはまるかどうかはわかりません。例えば本書での日本の実践を見ても、教師は「個の成長」に加えて「個を成長させる集団の育成」に強い関心を抱いており、そこがアメリカとは若干視点の違う実践のあり方につながっているように思われます。そうなると、アメリカのＰＢＩＳに学びつつ、日本なりの工夫が必要になってくるかもしれません。

日本の実践の実態と課題

このように、ＰＢＩＳの日本への導入にあたっては課題が多くあります。実際、ＰＢＩＳは第1層（グリーン）から第3層（レッド）までの多層的支

援モデルですが、実際、日本で行われるようになってきた実践はグリーンレベルのもので、多層的支援の第一段階ということになります。

では、本書に記されている日本の実践はPBISではないのかというと、それは違います。どの実践を読んでも、その背後に「エビデンス重視の姿勢」「応用行動分析に基づいた解釈」「価値に基づいた行動チャートの作成」「ポジティブな行動の強化」といった共通項が読み取れます。こうした点を押さえた実践であるからこそ、草創期の模索的実践でありながらも大きな効果を上げていますし、これまでの生徒指導のあり方の再構築へつながる可能性を秘めていることが十分ご理解いただけるものと思われます。

また、ぜひ理解していただきたいのは、PBISは学力向上につながるということです。メタ認知力が高まり、自分の行動を制御できるようになるわけですから、それは当然のこととともいえます。実際、日本の実践でもそうした結果が出てきています。

マルチレベルアプローチとPBIS

私たちはマルチレベルアプローチ（MLA）という包括的生徒指導を提唱しています。そして、このPBISを、MLAを推進する4つの柱の1つに位置づけています。その4つとは、PBIS、SEL（社会性と情動の学習）、ピア・サポート、協同学習です。

縦軸になるPBISとSELは、個の成長に焦点を当てた取り組みです。PBISで望ましい価値観と行動について理解し、SELでその実行のためのスキルを学ぶという考え方です。また、そうやって身につけた価値観とス

資料　PBIS・SEL・ピア・サポート・協同学習の構造

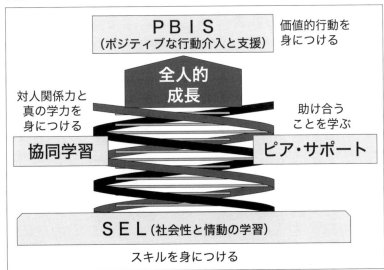

プロローグ　7

キルを活かしながら、学びの場面では協同学習、生活の場面ではピア・サポートに取り組むことによって支え合う集団を育てるのです。そして、このような取り組みによって、個の成長と集団の成長が相互に作用し合う状態をつくり出し、最終的にすべての子どもたちの全人的な成長を目指す、それがMLAです。

　このようにPBISはMLAでも重要な柱となっています。

日本でPBIS実践を広めていくために ❀ ⋅ ❀ ⋅ ❀

　最後に、日本でPBIS実践を広めていく上で重要なことは何かということについて考えたいと思います。

　まず、PBISの全体像に対する理解をさらに深め、実践を第1層（グリーン）から第2層（イエロー）、そして第3層（レッド）へと多層化していくことです。そうなった際には学力向上を含め、さらなる成果が期待できます。なお、その際には、「多層的介入」「エビデンス重視の姿勢」「応用行動分析に基づいた解釈」「価値に基づいた行動チャートの作成」「ポジティブな行動の強化」といったことを大切にすることを忘れないでいただきたいと思います。PBISの表面的な実践を模倣してもそれはPBISではありません。

　次にデータの活用です。データに基づいてこそPBISです。データをもとに考え、データで検証するわけです。どのようなデータを活用できるかということについては、本書にも試案的なものが書かれていますので参考にしていただきたいですし、日本の現状を踏まえて実態に合った指標を考える必要もあるでしょう。例えば保健室はアメリカにはありませんが、日本では非常に重要なリソースです。その保健室の来室者数は児童生徒の心身の状態や適応状態を示唆する有益な情報になります。

　3つ目は、実践を共有化していくことです。読者の皆さんには、本書を手がかりに、先駆的で挑戦的な実践者の仲間入りをしていただくと同時に、発信者になっていただけることを期待しています。

　今後、道徳が教科化され道徳的実践へのつながりが重視されるようになります。道徳はPBISと非常に親和性が高いと思われます。こうした追い風を利用しながら、日本に、「データと理論に基づいた」「ポジティブな行動の形成を支援する」PBISの実践を広げていきましょう。

〈参考・引用文献〉
文部科学省（2017）「平成28年度　児童生徒の問題行動・不登校等生徒指導上の諸課題に関する調査（速報値）」
内閣府（2010）「若者の意識に関する調査（ひきこもりに関する実態調査）」
内閣府（2016）「若者の生活に関する調査報告書」
文部科学省（2012）「教員のメンタルヘルスの現状」

第1章

PBISの基礎理解

1 全米に広がるPBIS

バーンズ亀山静子・中川優子

アメリカで開発されたPBIS（Positive Behavioral Interventions and Supports：ポジティブな行動介入と支援）は、全米の学校教育現場に広がり、大きな効果をもたらしています。日本の教育現場でも注目されているこのPBISについて詳しく解説します。

研究者と米国教育省が連携して開発したアプローチ

アメリカの初等中等教育法や全障害者教育法では、学校での指導は「科学的に効果実証されている方法で行うこと」と定められています。PBISは、それに呼応して研究者と米国教育省の特別（支援）教育プログラム局とが連携して開発した行動面へのアプローチで、応用行動分析、予防アプローチ、ポジティブな行動支援がその基盤となっています。小学校から高校まで成長段階に合わせて、いろいろな形で全米で導入されています。

PBISは、マニュアル化されたトレーニングプログラムや、出来合いのカリキュラムや方略ステップではありません。PBISは、全校規模で実施される生徒指導の概念的フレームワークです。エビデンスに基づいた介入を構造化して実施し、すべての児童生徒が学業においても行動においても最大限に成果を出せるように支援することを目的にしています。

ですから、その成功のためには、「全校規模で行うこと」「全校規模で行うための核となる専門部署（教育委員会）内での専門性の確立」「データを収集・分析し、改善のための判断に活かすこと」「データをとり続けること」「組織に構造的な支援システム（人的・経済的・専門的な情報知識のリソース、研修、ポリシー等）があること」「効果的な研修を継続的に行うこと」が不可欠です。つまり、ただご褒美チケットを配る取り組みをPBISとは呼びませんし、全校の教師たちが協力して推進していくアプローチなのです。

従来型の生徒指導との違い

アメリカでも従来型の生徒指導では、罰を与えたり、停学などによって他

の生徒から切り離したり活動への参加を停止したり、説諭やカウンセリングを行ってきました。ところが学術研究では、罰や心理セラピーは、学校における反社会的行動や暴力行為を減少させる努力としては最も効果が少ない、という結果が出ているのです。

では、効果的なのは何でしょうか。ソーシャルスキルの指導、教科カリキュラムの再構成、行動変容のための介入、反社会的行動パターンのスクリーニングと早期発見、プロアクティブな全校生徒指導システムなどが、効果が実証されているものとして挙げられています。

従来の生徒指導が、問題を起こした生徒に注目し、その問題行動に呼応した「反応型」（問題を起こしたから生徒指導が入る）であったのに対し、ＰＢＩＳは、事前に、問題が起こらないように学校自体が何をできるかという視点で考えていく「プロアクティブ」なフレームワークです。つまりＰＢＩＳでは、個別の生徒をどう変えるかに注目するのではなく、問題行動の減少のために教師のアプローチや学校環境をどう変えるかに焦点を置いています。

従来型では、「走るな」「しゃべるな」などと否定的な指導が繰り返されることが多かったわりに、それに取って代わる適切な行動が教えられることは少なかったといえます。ＰＢＩＳでは、「どうあってほしいか」「どういう行動をとるべきか」という期待像を初めから明らかにしておき、それに必要なスキルをすべての児童生徒に教えます。行動も学習と同じように教えることができるという発想が基盤になっているからです。期待される行動はいつも示されて促され、また逆に、望ましくない行動は控えるように促されます。そして状況はデータ化され、変化をモニタし、効果を評価して検討し、次の介入に活かしていきます。

ＰＢＩＳを導入した学校は、導入してからの問題行動の減少の推移をデータで示すことができ、そのデータからは問題行動が減少すると学業成績が向上するという結果も見られています。

グリーン、イエロー、レッドの三層構造 ❁ ⚬ ❁ ⚬ ❁

ＰＢＩＳは、三層構造になっています（資料１-１-１。詳しくは次節「特別支援教育とＰＢＩＳ」で解説します）。まず、第１層（グリーン）は学校全体、学級全体に対して、つまり「すべての児童生徒」に対しての働きかけです。この段階の働きかけで75～80％の子どもは十分に反応してきます。第１層（グリーン）では、子ども全員を対象としたスクリーニングも行います。スクリーニングのほかに、全員を対象とした「望ましい行動」を促す指導や活動を展開していきます。ここで大切なのは、これらはすべてデータをとっ

第1章 PBISの基礎理解　*II*

資料1-1-1　　ＰＢＩＳの三層構造

第3層　レッド
より専門的な支援
～5％

第2層　イエロー
リスクの高い子への支援
～15％

第1層　グリーン
すべての児童生徒への支援
～80％

て分析し、アプローチの改善や効果の維持に役立てるということです。

　第2層であるイエローでは、およそ15～20％に指導介入が行われることになります。第1層（グリーン）段階の指導では行動を最適にできなかった子どもに対して、特定のスキル領域別（向社会的スキル、問題解決スキル、学習での行動スキル）に不足していたスキルのトレーニングを小グループで行います。また、スキルはあっても「使うべきときに使えない」「ときどきしか使えない」など実行機能がうまく活性化していない子どもには、トレーニングでその精度を上げていきます。そしてその進度をデータ化してモニタします。また、「チェックイン・チェックアウト」という毎日の行動をチェック表につけるシステムもあります。チェックによるデータ収集とともに大人との密な人間関係づくりを目標としています。

　今まで挙げてきたような介入でうまく改善が見られない子ども（5％前後）には、第3層（レッド）で、より専門性を求められる対応が必要となります。行動観察や、保護者や必要に応じて医師、地域のカウンセラーなどを含む関係者との綿密なインタビュー等からなる多角的な機能的行動アセスメント（ＦＢＡ）を行い、分析結果に基づいた個別の行動介入プランを立てることになります。ＰＢＩＳで大切なのは、この行動介入プランが「子ども本人を変えること」を目的にしているのではなく、「環境デザインの再検討」を目的としていることです。教師の対応を含め、まわりをどう変えれば問題行動が減少するのかを考えるのです。問題行動がエスカレートした場合の本人の安全性を確保する方法も考えておきます。データは続けて集積し、より頻繁に分析し、指導・介入に反映していきます。

実践チーム ✿ ⁂ ✿ ⁂ ✿

　こうした各層における検討や決定、活動の運営は、**データ分析に基づいて、チームで行っていきます。**

チームの構成員は、第1層では教師が中心であり、層が上がっていくごとに専門性のかかわりが増えていくという形がよく見られます。専門職はコンサルタントとして控えていて、実際の教師たちとの指導・介入の検討は研修を受けた教師たちからなる問題解決チームで行っているところもあります。

　いずれにしろ、ＰＢＩＳの実施には、導入前だけでなく、導入後も、十分でしっかりとした定期的な研修は欠かせません。ＰＢＩＳの専門的な研修を受けてきた学校区の代表が、各学校の代表である第1層（グリーン）、第2層（イエロー）、第3層（レッド）の各チームに、各層の特徴や役割の詳細について研修（データ収集、分析、推移のトラッキングに関するトレーニングも含む）を行い、その学校代表が学校の全職員にＰＢＩＳの基礎研修を行うといった形で、徹底的な研修を繰り返します。

ＰＢＩＳ導入のための基礎 ✿ ⟡ ˙ ✿ ⟡ ˙ ✿

　米国教育省特別（支援）教育プログラム局発行のＰＢＩＳの実施構想には、実施に関して満たすべきガイドラインが示されています。概要を以下に示します。

〈リーダーシップチーム〉　各学校、学校区、地域、行政区など各レベルに、特別支援教育、通常教育、家庭、メンタルヘルス、管理職、高等教育、職員研修、評価、アカウンタビリティなどの各領域からの代表で構成されるリーダーシップチームをつくること。それぞれがＰＢＩＳ実施構想のセルフ・アセスメントを年に1回以上実施し、実施構想に挙げられた各項目に即して3〜5か年の予防プログラムを立てること。最低年4回の定例会議を開催し、日々の運営にかかわる担当、ポリシーや計画を実行する担当、実施の成果の報告担当を決めること。組織レベルのリーダーシップに、実施に関しての最高権限があること。

〈財源〉　最低3年間分の運営を賄う安定した資金を確立すること。関連・競合するほかの企画の人的・経済的リソースを見直し、統合すること。

〈透明性〉　関係者が活動や成果について把握できるような広報（例：ウェブサイト、ニュースレター等）を行うこと。児童生徒個人、学級担任、リーダーシップ、管理職など各レベルにおいてそのパフォーマンスが認められ、公に称賛されること。

〈行政からの支援〉　行政地区が設定する目標にも、最重要ゴールの一つとして児童生徒の社会的行動が入っていること。行政区、学校区、地域などに対して最低年1回は、児童生徒の行動目標やＰＢＩＳに関して報告することなど。

〈ポリシー〉　組織でつくられたＰＢＩＳのポリシーが承認されていること。何

かを決定するときに参照できる実施の手順ガイドラインや同意書をつくること。実施データと成果は半年に1回は確認してポリシーを見直し、ほかにも似通ったプログラムがあれば精査して統合あるいは協働する実行計画を立てること。

〈研修能力〉 エビデンスに基づいた研修カリキュラムと職員研修の方法を見つけ、採用することを優先すること。ＰＢＩＳを維持できる能力、継続的な改革、研修能力の更新を学校区内に確立しておくこと。

〈コーチング能力〉 コーチングネットワークを確立し、実施初期の学校には最低月1回、すでに実施が進んでいる学校には最低年4回、各チームに対してコーチングと支援を提供できる人を用意。コーチング機能は、学校レベルでも学校区や地域レベルでも確立しておくこと。

〈評価能力〉 各チームでのＰＢＩＳの使用度合い、児童生徒の成果に対するＰＢＩＳの影響、実行計画の実施の度合いについて、評価する手順とスケジュールを確立すること。学校ベースでのデータシステム（データ収集ツール、評価プロセスなど）の運用。組織レベルでの評価を学校区また行政区でも行うこと。実施の正確さと成果について毎年報告書を作成し、広報すること。成果を最低年4回広報し、祝い、認めること。

〈行動科学の専門性〉 研修、コーチング、評価の3領域でＰＢＩＳ実践の完成度を保障するために、リーダーシップチームの中に最低2人は行動科学の専門性と経験がある人を確保すること。行動科学の専門家はＰＢＩＳの内容を熟知していること。効果的な学習指導と全校規模の行動支援の相互作用と関係性を明確化し、促進すること。そして行動科学の専門性には、エビデンスに基づいた行動介入実践の利用を支持し促すプロセスと組織的方略にたけていることも含まれること。

〈学校・学校区のモデル〉 10校以上でＰＢＩＳを実施し、プロセスと成果を見せる先行モデル校とする。25％（あるいは3校以上）で実施している学校区は、組織レベルのリーダーシップチームのモデルとなる。

＊

ＰＢＩＳそのものの理解を深め、実践を実現させるためには、学校の基礎的基盤が豊かであることが不可欠です。豊かな作物は豊かな土壌から生まれます。

つまり、学校基礎構造としての学校運営、学校のビジョンの確立、実行力の強さ、多様な専門性の存在、データに基づいた運営実践、問題解決策への手順、教職員間のコミュニケーションツールの活用などの要素が、日常から機能していて初めてＰＢＩＳが成功するのです。

〈参照Website〉 PBIS.org Home Page https://www.pbis.org/

2 特別支援教育とPBIS

バーンズ亀山静子

ＰＢＩＳと特別支援教育

　日本の先生方から「ＰＢＩＳは通常の子どもたち対象のものですよね？」「第2層（イエロー）、第3層（レッド）と支援が重なると、特別支援教育対象になるのですか？」といった質問を受けることがあります。ＰＢＩＳは全校全員を対象としていることから通常教育の子どもたちのものと考えられがちですが、通常教育・特別支援教育にかかわらず、文字通り「全員」を対象とした多層支援モデルなのです。第1層（グリーン）から必要な子どもには支援を積み上げていきますし、必要がなくなれば支援を減らしていくわけです。また、その段階の上がり下がりによって特別支援教育の対象になるかならないかの判別がされるわけではありません。

　アメリカでは、指導は「科学的な研究に基づいた方法」で行われなくてはならないと法で定められています。ＰＢＩＳは研究者と米国教育省の特別（支援）教育プログラム局とが連携して開発したものであり、特別（支援）教育プログラム局は行動面での介入実践の中からＰＢＩＳの概念的枠組みにそって効果実証されているものをまとめ、その情報を提供しています。問題行動の減少のために学校風土や学校・教室でのあり方を改善すべく、学校や学校区や州の管理職レベルと直接的・間接的にかかわっています。

　そもそもＰＢＩＳ（Positive Behavioral Interventions and Supports）という文言自体が1996年の改正時に全障害者教育法の中に盛り込まれたものです。ＰＢＩＳはその理念が具現化する形で開発されたもので、現在はＳＷＰＢＳ（School-Wide Positive Behavior Supports：全校規模のポジティブな行動支援）と同義に使われています。

　つまり、行動上の問題に対して、一貫した一連の支援ですべての子どもに対応する仕組みができたわけです。アメリカの学校では、特別支援教育の対象となっている児童生徒の6割以上が学校にいる時間の8割以上の時間を通常学級で過ごしています。40〜79％の時間を通常学級で過ごす子どもを足せば8割強であり、多少なりとも通常学級で時間を過ごす児童生徒も入れれば、その数はほぼ95％に及びます。そう考えれば、障害認定されている子どもた

第1章　PBIS の基礎理解　*15*

ちも含めたすべての子どもたちを対象としたアプローチがとられることは当然であることがご理解いただけるでしょう。

PBISの三層構造の運用を具体的に説明してみましょう。

第1層（グリーン）レベル「すべての児童生徒への支援」✿ ･ ✿ ･ ✿

第1層（グリーン）レベルでは、全員の児童生徒対象にスクリーニングを行います。どの子どもがリスクの高い子なのか、学校生活の中で教師たちは経験的にわかっているので、そういう子たちの名前を挙げていくことも一つの方法ですが、その方法だと、教師のバイアスがかかってしまったり、例えば不安感の高い子やうつ傾向の子どもなどの「騒ぎにならない」子どもは見落とされてしまうこともあります。そのようなことを避けるためにも、標準化されたチェックリスト（SDQなど）を全員に対して実施して教師の観察をより科学的なデータとしていくことが望ましいでしょう。

全員スクリーニングのプロセスの所要時間は1学級当たり最大1時間から1時間半ほどといわれていますので、アメリカより学級人数の多い日本に置き換えても1時間半から2時間もあればできることになります。もちろん発達障害もリスク要因として把握されます。

学校では、かかわるすべての人（子ども、教職員、保護者）にPBISについての理解を図り、学校としての大切にしたい行動目標の柱を3～5つ、決めます（ニーズアセスメントに基づいてチームで決定します）。

アメリカのある小学校では、「リスペクト」「協力」「責任」「思いやり」「誇り」を行動目標の柱としていました。これを校内のあちこちに掲示して、それが具体的にはどんな行動なのかを場面別に示します。例えば、「リスペクト」の例として、教室では「挙手して発言する」「人の話を聞く」「室内レベルの声の大きさで話す」など、廊下や階段では「静かに歩く」「並んで移動するときにはそれぞれのスペースを考える（押したりしないという意味）」、トイレでは「トイレットペーパーはほかの人も使うので使用量を考える」「便座を汚したらきれいにする」、校庭では「校庭の使用ルールや遊びのルールを守る」「順番を守る」など、講堂では「静かに座って出し物を見る」「パフォーマンスをしてくれた人に拍手して感謝の気持ちを表す」、という具合です。

これらの期待される行動は、モデルを示しながら子どもたちに教えられます。もちろん教職員の行動は子どもたちのモデルとなります。この学校では、最上級生が場面ごとの悪い例、よい例をスキットにして演じてみせるという全校集会も行っていました。不適切な行動をする子どもは、適切な行動を知らないことも多いのです。このように望ましい行動を明確に示しておくことによって、「ちゃんとしようね」という指示だけではそのつもりがあっても行

動が「ちゃんと」できなかった子どもたちに、具体的なイメージを示すことになります。また、このような掲示があれば、実行機能でのつまずきがある子どもにも促しになります。発達障害を持つ子どもには特に、こういった支援が効果的です。

多くのPBISの学校では、教職員が学校内で誰かのよい行動を見かけたときに、その生徒の名前とクラス、どの領域で望ましい行動をしていたかをチケットに記入して渡すというシステムをとっています。それを集計して、週に一度、そこからくじ引きで選ばれた子はご褒美がもらえるという仕組みや、一番チケットが多かったクラスはピザ・パーティーを開くことができたり、学校全体で基準を達成できたら映写会など特別な行事をするというところもあります。そうなると全校で「達成しよう！」というムードが高まり、子どもたちは意図的に望ましい行動をするようになるというわけです。

実はここにねらいがあります。意図的に行動を変えることができるというのは、メタ認知が働き、行動のあり方が意識できているからなのです。自分の行動を意識させ、正しい判断と選択ができるように促し、それが子どもたちの中にいずれ内在化することを目指しているのです。逆に望ましくない行動は、「マイナー（軽微な問題行動）」と「メジャー（重篤な問題行動）」に分けて報告書が作成され、保護者に連絡が行きます。そして、行動の深刻さの度合いに応じて望ましい行動の指導がされたり、ほかの介入がされます。

発行されたチケットと報告書は、データ分析に回されます。全校レベルの推移、クラス別、校内のロケーション別、目標の領域別、時間別、男女別、学年別、発行した教師別の傾向などが割り出されると、校内のニーズが浮き彫りになってきます。その結果を教職員の担当チームで定期的に検討し、学校環境やカリキュラムなどに必要な変更を加えて改善を図っていきます。

第2層（イエロー）レベル「リスクの高い子への支援」

第1層（グリーン）レベルの支援では、十分にポジティブな反応がなかった子どもたち（およそ15～20%）に、指導介入が行われます。例えば、不適切な行動になりやすい領域（向社会的、問題解決、学習態度など）のスキルに関して、同様の弱さを持った子どもたちが小グループでトレーニングを受けます。指導するのはソーシャルワーカーやスクールサイコロジストのような行動科学の専門職であったり、研修を受けた教師であることもあります。

このレベルには「チェックイン・チェックアウト」という毎日の行動をチェック表につけるシステムもあります。チェック項目は全校レベルで掲げている「安全性」「リスペクト」「責任感」などで期待された行動を具体的に反映していきます。日々のチェックは、ある一定の時間枠（1時間ごと、30分

ごと等）を設けて行われ、その時間にかかわった教職員がチェックをします。あいさつ係になっている教職員が登・下校時にこの「チックイン・チェックアウト」の下で指導されている児童生徒に声かけをします。より密なかかわりが必要な児童生徒には個別のメンターが配置されます。校内の管理職や養護教員も含めた教職員や、場合によっては大人のボランティアがメンターとなることもあります。そうして毎日、個別に自分のことを気にかけてくれる大人に会うという密な関係を築き、励まされ、ほめられる体験を積み重ねていくわけです。ここで蓄積されるデータは分析され、数週間の単位で定期的に行われるチーム会議によって検討され、継続・終了やさらに特定スキル別のトレーニングの必要性の有無が決定されるという仕組みです。

第3層（レッド）レベル「より専門的な支援」

　今まで挙げてきたような介入でうまく反応が出ない子どもには、第3層（5％前後）で、第1層（グリーン）、第2層（イエロー）のレベルでの支援に追加して、より専門性を必要とする対応が行われます。行動観察や、保護者を含む関係者からの綿密なインタビューなどからなる多角的な機能的行動アセスメント（FBA）を行い、問題行動の引きがねとなる事象や背景、問題行動が起こった後の結果事象を分析し、その結果に基づいた個別の行動介入プランを立てることになります。問題行動がエスカレートした場合（暴れるなど）の本人の安全性を確保する方法（感覚統合室でクールダウンするなど）も考えておきます。データは続けて集積し、より頻繁に分析し、指導・介入に反映していきます。

　このレベルになってくると、精神疾患を持っている子どもや「情緒障害」に該当していて、個別教育計画（IEP）を持っている子どももいます。従来型の特別支援教育では、これらの子どもに対して、専門家が中心になって対応したりどうしたらよいかを学校や家庭に指示してきました。PBISではラップアラウンドと呼ばれるアプローチをとって、その子どもの環境（つまり学校だけでなく、家庭、地域）との連携を深め、学校にある既存のプログラムにその子どもを押し込めるのではなく、その子どもと家庭に独特のニーズや背景を考慮した、現実的で長期的な目標に沿ったアプローチを考えつくりだすことになります。当然、家庭環境への支援にかかわる福祉的な機関等との連携は欠かせません。

＊

　このようにPBISは支援の連続体となっており、全校の誰にでも対応し、特別支援教育対象の子どもであろうとなかろうと、その行動に関してのアプローチはポジティブにプロアクティブなものになっています。

〈参照Website〉　PBIS.org Home Page　https://www.pbis.org/

３ PBISのベースにある応用行動分析

庭山和貴

ＰＢＩＳと応用行動分析

　応用行動分析（Applied Behavior Analysis；ＡＢＡ）は、科学的な研究によって明らかにされてきた行動の原理を、社会的に重要な問題の解決に役立て、さらにその取り組みが本当に効果的であったかをデータに基づいて検証していく学問です（Alberto & Troutman, 1998/2004）。そしてＰＢＩＳを学ぶ上で、応用行動分析について理解することは欠かせません。ＰＢＩＳを開発してきたオレゴン大学のホーナー博士やコネチカット大学のスガイ博士が述べているように、「ＰＢＩＳは応用行動分析を社会的に重要な規模で適用した例」であるからです（Horner & Sugai, 2015）。

　応用行動分析は、もともと"個人"の問題行動を減らし、望ましい行動を増やしていくために行動の原理を適用することを目的として、1960年代に始まりました。学校や学級といった集団は、複数の個人の集まりですので、応用行動分析の理論と技術を適用することは当然可能であり、ＰＢＩＳは応用行動分析が学校組織の改善を可能とするまでに至った一つの例だととらえることもできます。

　このようにＰＢＩＳは応用行動分析から発展してきたものですが、学術的・理論的な理由以外にも、応用行動分析について理解しておくことはＰＢＩＳを実践する上で欠かせません。応用行動分析を学んでおくと、ＰＢＩＳを目の前の児童生徒に合わせて柔軟に"調整"することができるようになるのです。どのような単一の指導・支援方法（例えば、ほめて育てる、問題行動は厳しく叱るなど）も、問題行動を示すあらゆる子どもにとって有効というわけではありません。しかし、応用行動分析について学び、行動の原理を知っておくと、ＰＢＩＳを目の前の児童生徒に効果的であるように柔軟に調整した上で実践することが可能となります。これによって、「ＰＢＩＳのことを知ってその通りにやってみたが、自分の学校の子どもには合わなかった」などということがなくなります。

第1章　PBISの基礎理解　**19**

資料1-3-1　問題行動と望ましい行動をしている時間の割合

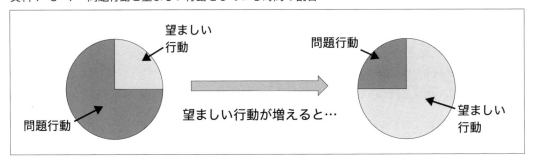

"具体的な行動"に着目し、望ましい行動を伸ばす

　　応用行動分析では、まず起こっている問題や支援目標（子どもにしてほしい望ましいこと）を具体的な行動としてとらえることから始めます。例えば「落ち着きのない子ども」を例にとると、「落ち着きがない」とは「授業と関係のない話を頻繁にする」「指示がないのに自分の座席から離れる」などさまざまな行動が当てはまります。そして、この子どもの支援目標としては、「授業と関係のない話をする回数を減らし、挙手して発言する回数を増やす」「授業中にイスに座って課題に取り組む時間を増やす」などが考えられます。このように問題と支援目標を具体的な行動としてとらえることは、支援計画を具体的なものにしていく上で非常に重要です。なお、受け身（ほめられる、叱られる、など）や否定形（けんかしない、しゃべらない、など）は行動ではありませんので、支援計画を立てる際には注意してください。

　　またここで重要なこととして、問題行動と望ましい行動をまったく同時に行うことはできず、望ましい行動が増えれば問題行動は自然に減っていくということです（資料1-3-1）。例えば、授業中に立ち歩くこと（問題行動）と、イスに座って課題に取り組むこと（望ましい行動）は同時にはできません。イスに座って課題に取り組む時間が増えれば増えるほど、相対的に立ち歩く時間は減っていきます。児童生徒に問題行動が見られるとき、私たちはどうしても問題行動ばかりに注目し、これを減らすことだけに力を注ぎがちになります。しかし、問題行動を減らしていくための支援と同時に、望ましい行動を伸ばしていくような支援も行うことで、問題行動はさらに減少していくのです。

行動のＡＢＣ

　　それでは、望ましい行動をどのように伸ばしていけばよいのでしょうか。

資料1-3-2　学級で取り組むＰＢＩＳの「行動のＡＢＣ」

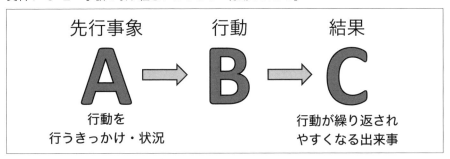

　行動は突然起こるものではなく、行動が起こったきっかけ・状況、そしてその行動の結果があるはずです。例えば、「口を閉じて静かに廊下を移動しましょう」という教師の指示をきっかけとして、友達と話さずに廊下を移動すると、結果として教師から「静かに移動できましたね」とほめてもらえた、というように、行動には前後の状況があります。

　そこで応用行動分析では、①行動の前にどのようなきっかけ・状況（先行事象：Antecedent）があると行動が引き出されるのか、②行動の後に何が起こると（結果：Consequence）その行動を子どもが繰り返しやすいのかを観察し、工夫するようにします（資料1-3-2）。これは、英語のそれぞれの頭文字をとってＡＢＣ分析ともいわれます。

　特に行動の"結果"として何が起こっているかは、見逃されがちですが、非常に重要です。望ましい行動を引き出したとしても、その結果が子どもにとってメリットのあるものでなければ、望ましい行動は繰り返されなく（増えなく）なってしまうからです。このように行動の結果に好ましい結果がついてくることによって、行動が繰り返されるようになることを"強化"といいます。また、重要なこととして、行動をした直後（できれば数秒以内）に好ましい結果が得られると、その行動はより繰り返されやすくなります。反対に、好ましい結果を得るのが遅れれば遅れるほど、行動は繰り返されにくくなります。

　ＰＢＩＳでは、このような応用行動分析の枠組みに基づいて、子どもの望ましい行動を引き出すようなきっかけ・状況（Ａ）を積極的につくり、望ましい行動（Ｂ）ができたら、それに好ましい結果（Ｃ）が伴うようにすることで、子どもたちが望ましい行動を自発しやすく、続けやすい環境をつくっていきます。資料1-3-3に、望ましい行動を引き出すようなきっかけ・状況（Ａ）と、その行動が繰り返されやすくなるような結果（Ｃ）について、代表的なものをまとめました。

　ただし、ここで注意点として、本来、わかりやすい指示や好きなものは子どもによって少しずつ異なり、それぞれの子どもにとって最適なきっかけ・

資料1-3-3　望ましい行動のAとC

望ましい行動を引き出すような きっかけ・状況（A）	望ましい行動が繰り返されやすく なるような結果（C）
・望ましい行動に関する具体的な指示やルール（口頭だけでなく視覚的にも） ・望ましい行動のお手本 ・口頭でのヒント ・視覚的な補助（補助線を引くなど） ・手を添えての補助	・教師からの注目、ほめられる、認められる ・他の子どもから注目・称賛される ・好きなシールやスタンプなど欲しいものがもらえる ・好きな活動ができる ・どのくらい上手にできているかのフィードバック、グラフ化

状況と好ましい結果は異なる可能性があるということです。例えば、同じほめられるにしても、小学1年生がうれしいと感じるようなほめられ方と、中学生・高校生がうれしいと感じるようなほめられ方は当然異なります。また、同じ学年の子どもであっても、教師にほめられたほうがうれしい子もいれば、友達に注目されたほうがうれしい子もいるかもしれません。「〇〇をすれば問題行動がなくなる！」というのではなく、目の前の子どもの観察に基づいて、望ましい行動が引き出されるようなきっかけ・状況を積極的につくり、またその行動に好ましい結果が伴うように工夫していくことが重要です。

問題行動も行動の原理に従う ✿ ⸱ • ✿ ⸱ • ✿

　問題行動もまた、望ましい行動と同様に、行動の原理に従っています。もし子どもが問題行動を頻繁に起こしているのであれば、知らず知らずのうちに、その問題行動を引き出すようなきっかけ・状況（A）があり、そしてその問題行動が繰り返されやすくなるような子どもにとって好ましい結果（C）があると考えられます。

　例えば、授業中に頻繁に自分の座席を離れて立ち歩く児童①がいるとします。児童①の"立ち歩き行動"の前後に何が起こっているかを観察すると、教師が全体への指示・説明を10分以上している場面（A）で、よく立ち歩き（B）、これを教師が座るように注意している（C）ことがわかりました。座るようにと注意されることは一見好ましい結果には思えないかもしれませんが、教師からの"注目"として、児童①にとっては好ましい結果として機能していると考えられます（資料1-3-4の上）。

　また立ち歩き行動が同様に見られる他の児童②は、算数の個別プリント学習をする場面（A）で、立ち歩く（B）ことで、算数のプリントをやらなくてもすんでいる（C）かもしれません。嫌いなプリント学習をせずにすむこ

資料1-3-4　児童①と児童②の立ち歩き行動のＡＢＣ

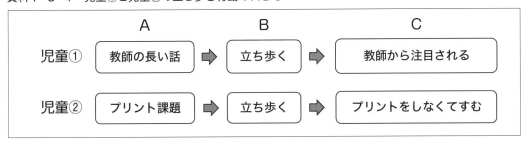

とはこの児童②にとってメリットがあることですので、これによって児童②の立ち歩き行動は繰り返されていると考えられます（資料1-3-4の下）。

　ここで重要なことは、児童①と児童②は同じ問題行動（立ち歩き）をしているにもかかわらず、その問題行動の前後の状況（ＡとＣ）は異なるということです。「子どもによって望ましい行動を引き出すようなきっかけ・状況と好ましい結果は異なるかもしれない」とすでに述べましたが、問題行動も同様に、子どもによって問題行動が起こりやすいきっかけ・状況（Ａ）、そして問題行動によって得られている結果（Ｃ）は異なります。よって、見た目は同じ行動であったとして、問題行動を減らしていくために有効な支援方法は子どもによって異なるのです。

　例えば、教師の注目によって立ち歩き行動が強化されていた児童①であれば、児童①が立ち歩いてしまったとしてもそれに反応しないようにし、逆に座って授業に参加できている（望ましい行動）ときに頻繁に教師が注目するようにします（Ｃの工夫）。さらに、全体への指示・説明を短くポイントを押さえたものにすることも必要でしょう（Ａの工夫）。これに対して児童②の場合には、算数のプリント課題の難易度を下げることや、問題を解くためのヒントを与えること（Ａの工夫）によって、プリント課題に取り組む行動を引き出し、それをほめていく（Ｃの工夫）ことが有効な支援として考えられます。

　このように、同じ問題行動が見られたとしても、有効な支援方法は個々の児童生徒、あるいは状況によって異なります。応用行動分析ではこれを踏まえた上で、個々の児童生徒の行動の前後にどのような状況があるのかをていねいに観察（ＡＢＣ分析）し、これに基づく支援を行う点が大きな特徴の一つです。

応用行動分析からＰＢＩＳへ

　以上のように、本来は子ども一人一人に合わせて、望ましい行動が引き出

されるようなきっかけ・状況、あるいはその行動が繰り返されるような好ましい結果をつくっていくことが行動の原理上は理想的ですが、教育現場では複数の児童生徒を同時に指導・支援しなければならない以上、なかなかそうはいきません。

そこでPBISでは、多層支援と呼ばれるアプローチを用います。まずは、多くの子どもに共通して望ましい行動を引き出すようなきっかけ・状況（Ａ）と好ましい結果（Ｃ）を導入するのです。例えば、望ましい行動を具体的に教えると同時に、望ましい行動に関する表（チャート）を校内の至るところに掲示します（Ａの工夫）。そして望ましい行動ができたら、教師がすかさずほめたり、望ましい行動がよくできていたことを伝えるチケットを渡したり、子ども同士でほめ合うような取り組みをします（Ｃの工夫）。このような取り組みは、基盤的な支援として第１層支援と呼ばれます。そして、第１層支援では効果の見られない児童生徒に対しては、第２層支援や第３層支援として、望ましい行動のきっかけ・状況（Ａ）と好ましい結果（Ｃ）をより個別化していくことで、支援を手厚くしていくのです。

データをとることの重要性 ❀ ＊ ❀ ＊ ❀

最後に、応用行動分析、またそれに基づくPBISによる支援を行う際、欠かせないこととして、支援が本当に効果的か、データをとって確かめることが挙げられます。行動のABC分析を行ったとしても、何か見逃したことがあって、支援が効果的でない場合があるかもしれません。よって、支援をそのまま継続すべきか、それとも支援内容を改善すべきか判断するために、問題行動の頻度や持続時間が減っているか、または望ましい行動が増えているかを確かめることは非常に重要です。

データをとるのは大変だと思われるかもしれませんが、まずはどの授業で問題行動が見られるのか、時間割に丸をつけるなどでも十分です。効果的な支援ができているのかどうか、教師がデータを用いて客観的に振り返ることで、子どもたちの成長に確実につながるような取り組みが可能になるのです。

〈参考・引用文献〉

Alberto, P. A. & Troutman, A. C.（1998）*Applied Behavior Analysis for Teachers*（5th ed.）, Prentice Hall.（P. A. アルバート／A. C. トルートマン『はじめての応用行動分析　日本語版　第2版』佐久間徹・谷 晋二・大野裕史訳、二瓶社、2004年）

Horner, R. H., & Sugai, G.（2015）School-wide PBIS: An Example of Applied Behavior Analysis Implemented at a Scale of Social Importance. *Behavior Analysis in Practice*, 8, 80-85.

第2章

PBIS
実践マニュアル

1 学級全体で取り組むPBIS

松山康成

　ここでは、ＰＢＩＳ（Positive Behavioral Interventions and Supports：ポジティブな行動介入と支援）のシステムを学級へ導入するための手順を紹介します。

　学級には勉強をがんばれる子、スポーツが得意な子など、さまざまな子どもがいます。2012年に文部科学省が行った「通常の学級に在籍する発達障害の可能性のある特別な教育的支援を必要とする児童生徒に関する調査」においては、担任教員の回答した内容から、通常の学級の6.5％の児童生徒は、学習面または行動面で著しい困難を示すとされています。

　子どもの困った行動が増えていくと、どうしても学級担任の叱責や注意などのネガティブな指導も増えてしまいます。そこで、問題が起こる前に、積極的（ポジティブ）に、予防的に取り組むことが求められています。叱責や注意といったネガティブな指導ではなく、子どもたちの望ましい肯定的（ポジティブ）な行動を育て、引き出すためのシステム、学級全体で取り組むＰＢＩＳの導入を図りましょう。本章では、「ポジティブな行動」を子どもたちと共有できる言葉とするため、「ステキな行動」と称して進めます。

　ＰＢＩＳでは、子どものステキな行動を引き出すようなきっかけ・状況（Ａ：先行事象）を積極的につくり、ステキな行動（Ｂ：行動）ができたら、それにいい結果（Ｃ：結果）が伴うようにすることで、子どもたちがステキな行動を自発しやすく、続けやすい環境をつくっていきます。

　学級全体で取り組むＰＢＩＳでは、学級でステキな行動（Ｂ）を増やしていくために、行動のＡＢＣにおけるＡとＣに対して取り組みを行っていきます。Ａに対する取り組みとして「ステキな行動チャート」の作成、そしてＣに対する取り組みとして担任が主体となって行動を認める取り組みと、子ども同士で行動を認め合う取り組み（資料２−１

資料２-１-１　学級で取り組むＰＢＩＳの「行動のＡＢＣ」

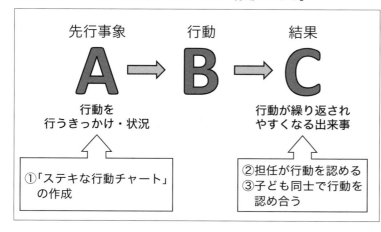

－1）、加えてデータに基づいた行動のフィードバックを計画します。

　ここでは実際の実践に触れながら、具体的に取り組みの手順と方法を紹介します。

1.「ステキな行動チャート」の作成

　学級全体で取り組むPBISを導入するために大切なことは、担任と学級全員が、みんなのステキな行動に目を向けることです。ステキな行動に目を向けていくことで、ポジティブな行動は共有されていきます。しかしここで重要なのは、子どもたちと学級担任にとって"何がステキな行動なのか"ということです。学級担任が求める学級で大切にしたい行動と、子どもにとっての大切な行動は違います。そこで学級におけるステキな行動を考え合って整理して行動チャートを作成します。

授業計画

　3時間の授業（資料2-1-2）を通して、学級におけるステキな行動を学級全員で考え合い、みんなで共有していくために、行動を表に整理した「ステキな行動チャート」を作成します。

　行動チャートを作成していくうえで大切なことは、学級で大切にしたい"行動"を考えることです。そしてその行動に基づいて、自分たちが大切にしたい"価値"を決めることです。

　学校全体でPBISに取り組んでいる場合は、学校で策定された行動チャートをもとに、自分たちの学級で大切にしたい行動を、学校の行動チャートに書き足していくという手順がいいでしょう。

資料2-1-2　授業計画

時間	授業のめあて	主な学習活動
1	学級の中のステキな行動は何かな？	・日頃の生活を振り返り、子どもたちにとってステキな行動を出し合う。 ・個人で考えたものを、班で集約する。
2	学級で大切にしたい価値を決めよう！	・1時間目で出された行動を全員で共有し、学級で大切にしたい価値を決める。
3	「ステキな行動チャート」をつくろう！	・ステキな行動を、学級で大切にしたい価値と場面に分けて整理する。

ここがポイント！ 教師と子どもが一緒になって学級で大切にしたい行動を考え合います。

第2章　PBIS 実践マニュアル　**27**

資料2-1-3　1時間目の指導案

時間	展開	具体的な学習活動・発問	指導上の留意事項
1時間目	導入10分	・本日のめあてを確認する。「学級の中のステキな行動は何かな？」	・ステキな行動とは何か、具体例を出して説明する。(例：友達が落とした消しゴムを拾ってあげる)・学級でステキな行動をみんなができるようにしていくために、この取り組みを行うという意図を伝える。
	展開25分	・「学級の友達の中で、気持ちがいいなあ、いい行動だなあと思った経験はないですか？　また、その行動は何ですか？」・個人でステキな行動について考える。・「グループでまとめてみましょう」・グループで集約する。	・子どもたちの日頃の生活において、ステキな行動があるか、また具体的にどのような行動かを発表させる。
	まとめ10分	・次の時間に取り組むことを伝える。・本日の振り返りを行う。	・ステキな行動について考え合うことで、みんなが学級に願いを持っていることを確かめる。

　1時間目：学級の中のステキな行動は何かな？

①「学級の友達の中で、気持ちがいいなあ、いい行動だなあと思った経験はないですか？　また、その行動は何ですか？」

　どんな行動が大切か、一人ひとりが出し合います。小さな紙を配り、書かせるといいでしょう。「教室を走らない」「暴力を振るわない」など、子どもたちから否定的な言葉が出た場合は、「"○○しない"や"○○はだめ"といった言葉ではなく、"○○をする"という言葉で考えよう」と伝えます。目的は悪い行動を減らすのではなく、ステキな行動を学級全体で増やすことです。この言い換えは友達を否定的に見ないために、とても大切なことです。

②「グループでまとめてみましょう」

　4人ほどのグループをつくり、自分たちが出した「ステキな行動」をもとに話し合います。そこでは「自分もそれが大切だと思っていた」「友達はそんなことを考えているんだ」などと、他者理解を促進できます。グループでまとめが終わったら全体発表をし、行動を板書して共有しましょう。

資料2-1-4　2時間目の指導案

時間	展開	具体的な学習活動・発問	指導上の留意事項
2時間目	導入10分	・本日のめあてを確認する。「学級で大切にしたい価値を決めよう！」	・1時間目に班で集約した行動から、学級で大切にしたいことを考え合うことを確認する。
	展開20分	・「みんなが出し合った行動を見て、学級で大切にしたい価値は何ですか？」・班で価値を考え合う。	・価値とは何か、具体例を出しながら確認する。（例：友達、時間、安全など）・出されたステキな行動を各グループでグルーピングし、価値を考える。
	まとめ15分	・出された価値を整理する。・3つから5つの価値に集約する・次の時間に取り組むことを伝える。・本日の振り返りを行う。	・考え出された価値を「○○を大切にしよう」という標語にし、3つから5つの学級で大切にしたい価値を決める。

2時間目：学級全体で大切にしたい価値を決めよう！

①「みんなが出し合った行動を見て、学級で大切にしたい価値は何ですか？」

　1時間目に出された行動を振り返り、その行動をグループでグルーピングし、学級全体で大切にしたい価値を決めます。この価値は、学級全体で取り組むPBISにおける要となります。学級全員がどのような方向に向かっていくか、何を大切にしていくかを明確にすることで、ステキな行動が実現しやすくなっていきます。

　「価値」という言葉では少し難しいときは、「○○を大切にしよう」と子どもたちに示して、"○○"について考えてみるといいでしょう。

　ここで紹介している手順は、ステキな行動を考えてから価値を決めていますが、学級開きの際に学級目標を決めるように、価値を先に決めてから行動を考える手順でもいいでしょう。

②3つから5つの価値に集約する

　グルーピングによって出された価値を集約します。ここで大切なことは、各グループで考えられた価値を尊重して集約するということです。必ずすべてのグループの価値が学級全体の価値となるわけではありません。子どもたちの主体性を大切にするために、学級全体の価値に反映されなかったグループへのフォローを行いましょう。

ここがポイント！ 学級で大切にしたい「価値」と、価値を実現する「行動」を明確にします。「○○しない」ではなく「○○する／○○しよう」に言い換えましょう。

第2章　PBIS実践マニュアル　29

資料2-1-5　3時間目の指導案

時間	展開	具体的な学習活動・発問	指導上の留意事項
3時間目	導入10分	・本日のめあてを確認する。 「『ステキな行動チャート』をつくろう！」	・これまでの授業で考えた行動と価値を整理したチャートをつくることを説明する。
	展開20分	・ステキな行動を取り組む場面を選ぶ。 「みんなで考えたステキな行動を、一つのチャートにまとめたいと思います」 ・全員でチャートに行動を入れていく。	・場面は選びやすいよう、授業中・休み時間・給食時間・掃除時間などと提示する。 ・黒板または電子黒板で、価値×場面のチャートを示し、そのチャートに行動を入れていくようにする。
	まとめ15分	・できあがったチャートを見直す。 ・「ステキな行動チャート」に込められたみんなの願いを説明する。 ・このチャートを使って取り組みを始めることを説明する。 ・本日の振り返りを行う。	・学級にとって、このチャートは全員の願いが込められた大切なチャートであることを確認する。 ・このチャートのとおりに行動ができていないからといって、友達を責めないよう、指導する。

3時間目：「ステキな行動チャート」をつくろう！
「みんなで考えたステキな行動を、一つのチャートにまとめたいと思います」

　2時間目で考えたみんなで考えたステキな行動を一つのチャートに整理します。チャートは生活場面別（授業中、休み時間、給食時間、掃除時間、放課後）と価値で、「ステキな行動」をまとめます。まとめる際は、パソコンと電子黒板等のモニターで整理していくとスムーズです。

　授業の終わりには、以下のチャートの留意事項を説明します。

> 1．このチャートで示された行動は、みんなの願いが含まれている。
> 2．このチャートは、どのような行動が大切かを確認するものである。
> 3．このチャートで示された行動をできていないからと、注意しない。

　この「ステキな行動チャート」は、学級全体で取り組むPBISにおいて要となります。チャートに基づき、子どものたちのステキな行動を育て、引き出す取り組みを始めます。

チャートに記す行動は具体的に、全員がイメージできる言葉に直します。
（例）「ちゃんと待とう」→「静かに座って待とう」

資料2-1-6 「ステキな行動チャート」の例

	学　習	生　活	友　達
授業中	・話を聞いている ・ノートをていねいに書いている ・考えたことを考えている ・意見を考えている ・手を挙げて発表している	・机の上を整理している ・静かに話が聞けている ・話を注意して聞いている ・相手の目を見て聞いている ・時間を守っている	・困っている友達に静かに教えてあげている ・友達におからないことを静かに聞くことができている ・友達のよいところを見つけることができてあげている
休み時間	・次の時間の用意をする ・復習・予習している	・机やまわりを整理している ・教室・廊下を歩いている ・下級生と遊んでいる ・時間を守っている	・友達と元気よく遊んでいる ・一人でいる子に声をかけている ・友達のよいところを見つけることができてあげている ・けんかをしている人の仲裁をしてあげている
給食時間	・待っている間、教科書などを読んで復習・予習をしている	・残すことなく食べている ・静かに座って待っている ・お皿をていねいに直している ・手を合わせて合掌している ・静かな声で話している ・行儀よく食べている ・当番の用意をスムーズにしている ・時間を守っている	・友達のナプキンを敷いてあげている ・配るのを手伝っている ・日直が前に立ったら、すぐに静かにしようとしている ・おかわりのとき、みんなのことを考えている ・当番の人が休みのときに、手伝おうとしている ・友達のよいところを見つけようとしている
掃除時間	・友達のよい掃除の仕方を見習って習得している	・工夫している ・掃除を終わらせている ・早く終わったら、教室に戻っている ・時間を守っている	・協力しあう ・友達に優しく注意できる ・友達のよいところを見つけようとしている
放課後	・宿題をしている ・次の日の予習、今日の復習をしている	・先生にあいさつをして帰っている ・最終下校時間を守っている ・地域に迷惑をかけず帰っている ・地域の方々にあいさつをしている ・ごみを拾っている	・誰かと一緒に遊んでいる

2．担任が主体となってステキな行動を引き出す

　担任が主体となって、子どものステキな行動を引き出していくために、子どものステキな行動が生まれた際に、トークン（子どもにとって価値のあるもの）を与え、ステキな行動の生起頻度を高めることを目指すトークン・エコノミーという手法を活用します。

　具体的な実践として、トークン・エコノミーを活用した「いいねの実」という取り組みの手順を紹介します。

①ステキな行動を認めるカードをつくる

　まずはじめは、行動に対するトークンの役割を果たすカードをつくります。カードは子どもたちが「もらいたい！」と思えるようなデザインが好ましいでしょう。ここで紹介する実践では、子どもたちの実態（小学校5年生）を考えて、「いいねの実」というネーミングで、果物のデザインとしました（資料2-1-8）。コストに余裕があれば、カラーのカードを採用すると、子どもたちはとても喜びます。

　カードは、もらった子どもが、何をしたか、いつしたか、その行動はどの価値かが明確にわかるように、「日時」「場面」「価値」「記入者」「具体的な行動」「行動をした子どもの名前」の6つの記入欄をつくります。

資料2-1-7　「いいねの実」の手順

	手順	留意事項
1	・教師が行動を認めるカードをつくる。	・子どもの実態に応じて、興味を持てるデザインにする。 ・日時、場面、価値、記入者、具体的な行動、行動をした子どもの名前を記入する欄を設ける。
2	・カードに子どものステキな行動を書いて、渡す。	・行動チャートに基づいて、ステキな行動が見られたら、その行動の事実を認める。 ・行動は具体的に記入する。 ・行動チャートに載っていなくても、思いやり行動や向社会的な行動など、発展的な行動は認める。
3	・もらったカードは、学級の掲示板に貼りに行く。 ・目標達成した際のイベントを企画する。	・目標達成した際に、どのようなイベントをするか、クラス全員で考える。

②カードを書いて、子どもに渡す

　子どものステキな行動を見つけたら、カードに記入します。この際、行動は具体的に書きます。例えばごみを拾った子どもに対して記入する場合では、「床に落ちていた牛乳キャップを拾ってくれてありがとう」というように、「日時」「場面」を「価値」とともに記入します。これによって子どもは、自分がした行動は何がよかったのか、なぜよかったのかと振り返ることができます。また、価値が記入されるので、自分がした行動はどの価値にあてはまるのかも知ることができます。価値と行動がリンクすることによって、担任の「〇〇（価値）を大切にしよう」という声かけが有効になるのです。

　カードは、はじめのうちは誰に渡したかを記録し、全員がカードをもらえるよう配慮するとよいでしょう。そして、できるだけ"たくさん"、そして"すばやく"カードを渡すことを意識して取り組みましょう。

資料2-1-8　「いいねの実」

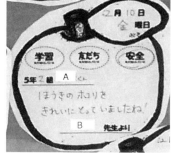

資料2-1-9　「いいねの木」

③目標を決めて、お楽しみイベントを行う

　カードには、行動を記録すること、そして子どもに自分の行動を振り返らせる意図があります。そのカードをより有効に活用していくために、さらに2つの取り組みを行います。1つ目は、カードを受け取った子どもに、カードを掲示板に貼らせます。これによって、カードに記入された行動は学級全員で共有することができます。2つ目は掲示板に貼るカードの目標を設定し、ある枚数に達したら、学級全員でご褒美となるイベントを行います。これによりカードにさらに価値づけをすることができ、ステキな行動が学級で起こりやすい環境をつくることができます。

　実際の事例では、「いいねの実」というカードにちなんで、「いいねの木」（資料2-1-9）という大きな木を印刷した模造紙を教室に掲示し、「カードをもらったら、木に貼ってね」と指示しました。そして「木いっぱいに実がなったら（80枚）、みんなが楽しめるイベントをしよう」と声をかけ、達成時にはドッジボールをしました。

ここがポイント！　子どもが興味を持てる取り組みを考案し、ステキな行動を引き出します。

3. 子どもが主体となって
　　ステキな行動を引き出す

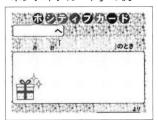

資料2-1-10
「ポジティブカード」の例

＊89ページの付録参照。このカードは松山と㈱福分堂が共同開発。

　中学校・高校では教科担任制のため、担任は自分の学級の少ない機会の中でPBISに取り組んでいくことになります。また、自分の学級以外でも取り組めるツールが望まれます。

　そこで、子ども同士でステキな行動を認め合う、PPR（Positive Peer Reporting）という手法を用いた「ポジティブカード」というツールを紹介します。

①「ポジティブカード」とは

　中学生や高校生は、教師からの褒め言葉だけではなく、友達から具体的な事実を認められることで、行動が引き出されることが考えられます。

　「ポジティブカード」とは、子ども同士で行動を認め合うために用いるカードです（資料2-1-10や付録の「ありがとう よかったよカード」参照）。友達から認めてもらうという経験は、子どもたちにとって刺激的なものです。また、子どもたちの価値観で渡されるカードは、自分たちの環境をよりよくしたいという気持ちが込められています。カードには、「差出人」「相手の名前」「行動を見た日」「場面」「具体的な行動内容」を記入します。

②カードの活用方法

　カードは、授業時間に学び合いを行った際や、グループで取り組みを行った際に、友達とのかかわりのフィードバックのためのツールとして用います。また、ホームルーム等で、班・グループでかかわりの振り返りのツールとして用いたりして機会を増やすことで効果は高まります。

　何も意識せずに活動するだけでは、子どもたち同士は行動を認め合うことが難しいものです。また、学級には誰からでも認められる子や、みんなからなかなか認められることが難しい子、さらには他者を認めることが難しい子もいます。そこで、このカードは、取り組む前に「ステキな行動に着目しよう」と声かけをし、全員が必ずもらえるように配慮して取り組みます。

　例えば、4人グループで取り組む場合、グループに人数分のカードを配付し、「全員がもらえるように書いてください」と伝えます。そして、最初は誰か1人が3人に対して書き、次に3人の中の1人がその子に書いてもいいということとしました。この場合、書く人は2名ですが、全員がカードをもらえることとなります。このように配慮して取り組むことで、全員が認められる機会を持つことができます。

　また、カードに記述される行動をより具体的にしていくためには、カードの記述を教師が評価することも重要です。

4. データに基づいた行動のフィードバック

　　PBISに取り組む上で重要なことは、データに基づいて取り組みを行っていくことです。データというと、手間のかかることだと思われるかもしれません。しかし、学級全体で取り組むPBISにおけるデータは、子どもたちのために活用できるものです。ここではその方法を2つのデータの活用から紹介します。

週間目標を決めて、その行動をカウントする方法

　　学級で、週間目標の行動を決めて全員で取り組みます。
　　このとき、明確に「できている」「できていない」と学級全員がわかり、簡単にカウントできる行動のデータを収集することが大切です。また、その行動は、学級全員が少しの努力で取り組めるものであることも大切です。
　　取り組みの結果は、その行動ができていたときをカウントし、割合をグラフ化して、週の最後に全員で振り返ります。学級全員へフィードバックすることで、自分たちの行動が結果に影響し、自分たちの行動で学級全体の環境が変わっていくことを体感できます。このフィードバックを通して、次週に学級全員で取り組む行動を決めていきます。

学級全員でスケーリングする方法

　　「ステキな行動チャート」の作成時に考えた、大切にしたい価値を学級全員でスケーリングします。毎週末、今週の学級の様子はどうだったか、価値に基づいて10点満点で評定します。具体的に評定するために、「ステキな行動チャート」の中でも大切にしたい行動を、場面ごとに10個程度選んでおき、その10個のうちいくつ、学級全員が実行することができていたかを評価します。その評定を集計し、どの程度の割合で評定

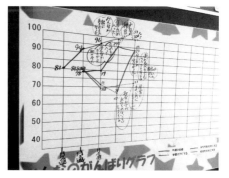

資料2-1-11　スケーリングの例
「みんなのがんばりグラフ」

されているかを示すグラフを学級に掲示します。これにより、学級の問題を共有することができ、取り組みが効果的かを考え合うことができます。

ここがポイント！ 取り組みの効果を明らかにするために、取り組み前からデータをとります。

5. 子どもたちとともに取り組みを考えていく

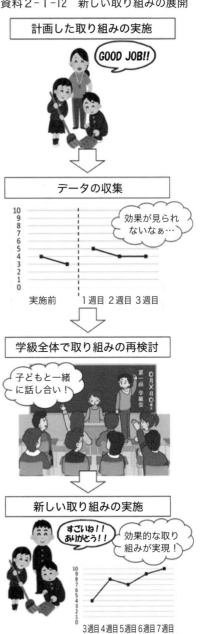

資料2-1-12　新しい取り組みの展開

ＰＢＩＳは、「○○に取り組めば必ずうまくいく！」というものではありません。ＰＢＩＳは、データに基づいて、取り組みや支援策の効果がうまく出ているかを分析しながら取り組むことが特徴です。ここで紹介した、「いいねの実」や「ポジティブカード」に取り組んでも、子どもたちのステキな行動が増えているという効果が実証されない場合は、新しい取り組みを考えていきます。ＰＢＩＳは取り組み自体が主体ではなく、子どものステキな行動を引き出すことを主体とします。よって、どのような取り組みを行えば子どものステキな行動が引き出されるか、というアイデアや発想がとても大切になる取り組みです。

そのために大切なことは、子どもとともに取り組みを考えるということです。子どもたちのアイデアそのものが、子どもたちの生活にフィットしたものであるため、効果的な取り組みが実現しやすくなります。

データに基づいて行動のフィードバックをすると同時に、「どのようなことに取り組めばステキな行動が増えるか」と学級全体で考え合って、新しい取り組みを展開していきましょう。

ここがポイント！　先生一人で取り組みを考えるのではなく、子どもたちとともに考えます。

資料2-1-13
「ステキな行動チャート」のポスター　　　資料2-1-14　「ポジティブカード」を入れるポスト

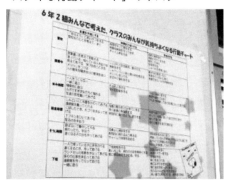

6．PBISを学級全体から学年全体、そして学校全体へ

　　学級全体で取り組むPBISが軌道に乗ってきたら、次はその取り組みを学年・学校全体へと広げていきましょう。

　　ステキな行動が引き出されるポジティブな環境で学級生活を過ごした子どもたちは、次の学年で新しい学級の環境で過ごすこととなります。PBISは学級だけでなく、できれば学校全体で取り組むことが理想的です。ではどのように広げていけばよいのでしょうか。

　　筆者も現場で働く学校教員ですから、学校全体に広げる大変さはすごくわかります。その中でもできることとして、学級をポスターやツールを使ってポジティブな環境にし、その学級の様子を学校全体に発信していくという方法が有効です。

　　データに基づいてていねいに取り組みを進めていくと、子どもたちの行動が変わっていきます。他の先生からは「あそこのクラスの子ども、いい行動してくれるわね」なんて言葉が聞こえてくるかもしれません。学級に「ステキな行動チャート」のポスター（資料2-1-13）や「ポジティブカード」を入れるポスト（資料2-1-14）などが掲示されていると、他の先生方も取り組みに興味を持ってくれますし、ポジティブな学級環境がポジティブな子どもを育んでいることに気づくことができます。

　　新しい取り組みを学校で共有・展開していくことは、さまざまな難しさが考えられますが、日頃の取り組みと子どもたちの姿を通して、少しずつPBISを学校で広げていっていただければと思います。たくさんの学級・学校でPBISが取り組まれることを願っています。

ここがポイント！ ポスターやツールなど、ポジティブな学級環境を構築して、先生方に発信していきましょう！

第2章　PBIS実践マニュアル　37

2 学校全体で取り組む・PBIS

枝廣和憲

1．どうして学校全体でPBISに取り組むのか

「学校全体で取り組むPBIS（スクールワイドPBIS〔SWPBIS〕）」は、「子どもたちとその子どもたちにかかわる方々（学校の先生方、家庭全体、地域全体など）の幸せ」を最大の目的としています。PBISは、家庭全体（ファミリーワイドPBIS）、地域全体（コミュニティーワイドPBIS）を含む概念です。

1992年に文部省が「学校が『こころの居場所』である」とし、2006年には文部科学省の「地域教育再生プラン（子どもの居場所づくり新プラン）」の実施、2016年の内閣府の「子ども・子育て支援新制度」等を受け、公的・民間による「居場所づくり」が多くなされています。このように、現在もなお、子どもたちの居場所の必要性が重視されています。

子どもたちの居場所を考えたとき、「学校」は重要な居場所です。学校を、ユニバーサル、すなわち、学校全体という観点からポジティブな環境にすることがとても大切になります。

2．学校全体でPBISに取り組むための準備

学校全体でのPBISの実践を成功させる、もっとも重要なカギは「準備」です。これは、PBISに限ったことではなく、何かを始めようと思ったら、「準備」が大切です。例えば、サッカーをするのに、走り方やルール、ボールの蹴り方などを知らなければ、本当の意味でのサッカーを楽しむことは難しいでしょう。

まず、学校全体でPBISに取り組む準備を始めましょう。

⑴ A（先行事象）とC（結果）へのアプローチ

PBISでは、「ポジティブな行動を行うきっかけ・状況」であるA（Antecedent〔先行事象〕）を工夫したり、「ポジティブな行動が繰り返されやすくなる出来事」であるC（結果：Consequence）に工夫をしていきます。

PBISに取り組む準備としては、PBISのベースになっている応用行動分析について知っておく必要があります（第1章③「PBISのベースにある応用行動分析」参照）。

(2) 三層構造とユニバーサル

学校全体で取り組むPBISは、「第1層（グリーン）すべての児童生徒への支援」「第2層（イエロー）リスクの高い子への支援」「第3層（レッド）より専門的な支援」へのアプローチを、エビデンスに基づいて行う三層構造になっています（第1章①「全米に広がるPBIS」、②「特別支援教育とPBIS」参照）。これにより、包括的・予防的に、ユニバーサルなアプローチをしていきます。そのためには、第一に、土台＝基礎となる第1層（グリーン）を確固たるものにする必要があります。

(3) ネガティブな行動を生み出してしまう循環

学校に限らず家庭や地域などでも、身近な人に対しては「ネガティブな行動（問題行動など）」ばかりに気をとられてしまい、「ポジティブな行動（向社会的行動など）」を見落としてしまいがちです（資料2-1-1）。そして、そのネガティブな行動に対して、注意や叱責などネガティブなアプローチをしてしまいます。実は、ここに「ネガティブな行動を生み出してしまう循環」があります（資料2-1-2）。

とはいえ、「指導」が必要ないわけではなく、一定の基準を設け、適切なタイミングで、適切な「指導」も必要です。

資料2-1-1　ポジティブな行動とネガティブな行動（井上ら〔2012〕を参考に作成）

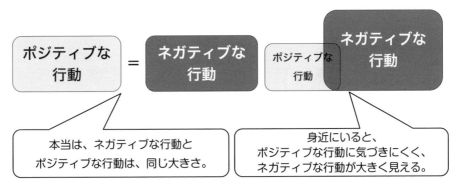

(4)「個」から「環境」へ

では、この「ネガティブな行動を生み出してしまう循環」を、「ポジティブな行動を生み出す循環」にするためには、どのようにしたらよいでしょうか。

PBISの特徴として、「個」（子どもたちなど）をかえるのではなく、学校・家庭・地域など、その個を取り巻く「環境」「発想」を整えることで、個

資料2-1-2　ネガティブな行動を生み出してしまう循環

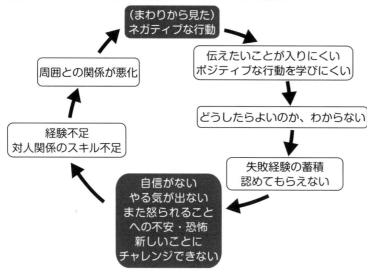

の反応に変化をもたらすことがあげられます。そのために、「一貫した結果が得られる学校環境づくり」をしていきます。

⑸「PBIS推進チーム」づくりと専門家との協働

PBISは、アプローチのフレームワークですので、データに基づき組織的・構造的に取り組むことができれば、どのような学校でも取り入れられます。重要なのは、PBISの専門家（PBISに関する研修等を受けた先生方も含む）など、多職種協働し、「PBIS推進チーム」をつくることです。

「新たにつくる」といわれたら、負担感が湧いてくるかもしれません。これまで、日本の学校が培ってきた実践・取り組み・専門性・文化・風土などを活かし、管理職や特別支援教育コーディネーターの先生方と協力して、「生徒指導委員会」や「教育相談委員会」など、今ある組織を活用して「PBIS推進チーム」づくりを進めるとよいでしょう。

PBISの専門家というと遠く感じてしまいますが、本書の執筆者はじめ、同じ気持ちで、各地で実践・研究している人が身近にいます。現場と専門、実践と研究をつなぐネットワークもあります。一緒に協働して、PBISを実現しましょう。

⑹ 学校のすべてのスタッフ（教職員）と「学校全体で取り組むPBISの構想」を共有

学校全体で取り組むPBISは、「組織全体」で取り組む必要がありますので、学校のすべてのスタッフ（教職員）と「学校全体で取り組むPBISの構想」を共有する必要があります。先の「PBIS推進チーム」やPBISの専門家を中心に、校内研修会などを開き、共有の作業を進めます。

共有する主なポイントは、以下の7点になるでしょう。

①「行動」でみる、「行動」で考える

学校でも、家庭・地域でも、よく耳にすることばとして「だらしがない」「行儀が悪い」などがあります。あるいは、ポジティブなことばとして「明るい」「優しい」というものもあります。

これらは、「抽象的なことば」であって、「行動」ではありません。「行動」でみて、「行動」で考えるポイントは、「抽象的なことば」を「動詞」に置き換えることから始まります。

資料２-１-３　「行動」でみる、「行動」で考える（井上ら〔2012〕を参考に作成）

②メッセージの工夫

　「きちんとしなさい」「ちゃんとしなさい」ということばも「抽象的なことば」です。何度そのことばを伝えても、ネガティブな行動を繰り返してしまう子どもはいませんか？　それは、「きちんと」や「ちゃんと」というのが、「具体的に何をすればよいのか」がわかっていないのかもしれません。そのようなときは、例えば「ちゃんとしなさい」であれば、「授業中は前を見ようね」など、「何をしたらよいのか」を具体的に伝えるようにしましょう。

　また、私たちはネガティブな行動があると、どうしても「長く」「たくさん」の情報を伝えてしまいます。そうすると、たくさんの情報がありすぎて、子どもたちは「今、何をすべきなのか」を理解するのに時間がかかってしまいます。そういうときは、まず「今、何をすべきなのか」を「簡潔」に伝えます。そして、その行動ができたら、そのあとで、ネガティブな行動について、一緒に考え、伝えていきます。その際、「～しない」「～できていない」のようなネガティブな表現ではなく、「～する」「～している」というポジティブな表現で伝えることが大切です。

資料２-１-４　メッセージの工夫（井上ら〔2012〕を参考に作成）

抽象的に伝える	→	具体的に伝える
たくさんの情報を伝える	→	「今、何をしたらよいか」を簡潔に伝える
ネガティブな表現で伝える	→	ポジティブな表現で伝える

③学校全体で課題を共有する

　まず、先生一人ひとりが学校で課題（問題行動など）と感じていることを、「実態把握シート」の「課題」の部分に記入します（資料２-１-５）。
　次に、それを持ち寄って各グループ（学年団など）で、ブレーンストーミングの要領で「課題の洗い出し」をします。その際、先ほどの【①「行動」

資料2-1-5　「実態把握シート」の例（その1）（アスペ・エルデの会〔2014〕を参考に作成）

実態把握シート

理想	実態	課題
		ネガティブな行動 問題行動など

*抽象的な表現から具体的な「行動（動詞）」へ
*「～する」（ポジティブな表現）へ

*「行動」が複数（たくさんの情報）から、1つの「行動」（具体的・簡潔）へ

例：だらしがない
　↓
シャツを出しっぱなしにする

例：いつもだらだらして、しゃべっていて、授業に集中していない

例：だらだらしている
例：授業に集中していない
例：おしゃべりしている
　　　……

でみる、「行動」で考える】ができているかお互いに確認し、「課題」を具体的な「行動」（動詞）にしていきます。

　続いて、各グループ（学年団など）でKJ法等を用いて、同じような「行動」をカテゴリーに分類し、カテゴリーに名前（動詞を使って）をつけます。そのなかから、重要だと思う順に3つ程度選び、それを学校全体に発表します。そうすると、「課題」とする行動に、共通する部分と共通していないズレが見えてきます。このズレを埋める作業が、学校全体で課題を共有することにつながります。

　④データの収集

　学校全体で課題の共有ができたら、データの収集を行います。

　③であがった3つ程度の「課題」を見ると、「宿題の提出率」や「授業準備状況」など、すでに日常的に記録しているものがあると思います。それらが「行動の記録」としてのデータとなります。

　その他、間接的なデータとして、「保健室来室者数」や「アセス（6領域学校適応感尺度）」などの学校アンケートも活用できます。また、PBISの専門家と協働することで、データの収集・分析・活用等がより的確かつ効率的にできます。

　⑤学校全体で「理想」を共有する

　カテゴリーごとに、子どもたちに求める行動などを「実態把握シート」の「理想」の欄に記入していきます（資料2-1-6）。「課題」がネガティブな行動だけになっている部分は、ポジティブな行動になるように記入します。

　⑥　行動についての考え方を転換する

　前述した資料2-1-2の「ネガティブな行動を生み出してしまう循環」を抜け出すためには、資料2-1-7のように、行動についての考え方をポジティブなものに転換する必要があります。「今できている行動」「簡単な行動」「当たり前の行動」などを意識的に見つけることが大切です。それを認めるこ

資料2-1-6 「実態把握シート」の例（その2）（アスペ・エルデの会〔2014〕を参考に作成）

実態把握シート

理想	実態	課題
子どもたちに求める行動など		ネガティブな行動 問題行動など
例：身なりを整える ←		例：だらしがない ↓ シャツを出しっぱなしにする
例：常に授業に集中して静かに聞く ←		例：いつもだらだらして、しゃべっていて、授業に集中していない
		例：だらだらしている
		例：授業に集中していない
		例：おしゃべりしている
		……

資料2-1-7 行動についての考え方をポジティブに転換するポイント（井上ら〔2012〕を参考に作成）

①ネガティブな行動を減らす→ポジティブな行動を増やす＝相対的にネガティブな行動が減る

②ポジティブな行動についての考え方・発想を変える
　✓「誰かより優れている行動」「完璧な行動」「模範的な行動」
　　　　　⬇
　✓「ネガティブな行動をしていないときの行動」「当たり前の行動」「今できている行動」

③ポジティブな行動を日頃から意識的に見つける、認める、ほめる、引き出す
　☆「大きな認める（ほめる）」よりも、「小さな認める（ほめる）」の積み重ねが大切です。
　✓「"すべて"でなくても、一部できている」行動→「宿題を全部できていなくても、少しできている」
　✓「"いつも"でなくても、ときどきできている」行動→「毎日宿題を出せていなくても、3回に1回は提出できている」
　✓「"できていない"でなく、できている」行動に→「落ち着きがなかったけど、座っていた」
　✓「当たり前だと思っている」行動→「学校に登校している」
　✓「子どもがそこにいてくれる」行動→「子どもの存在自体」

④子どもと一緒に考える
　✓具体的にできる範囲の計画を立てる→「大きな行動」は、「小さな行動」に
　【例】教室をキレイにする←自分の机のまわりをキレイにする←自分の机を整理する←机の上を片付ける←計画を立てる

⑤子どもも大人もみんな一緒
　✓認める（ほめる）側にも余裕が必要→「自分のことやまわりのことも、お互いにポジティブな行動を認め（ほめ）合いましょう」

とが子どもたちの「できた感」につながり、それは「もう少しやってみようかな」というやる気につながります。自信が育ち、般化・内在化・内発動機づけにつながっていきます。
　先生方が意識的に子どもたちのポジティブな面を見て、ポジティブなアプ

資料２-１-８　「実態把握シート」の例（その３）（アスペ・エルデの会〔2014〕を参考に作成）

実態把握シート

理想	実態	課題
子どもたちに求める行動など	ポジティブな行動 今できている行動など	ネガティブな行動 問題行動・不適切な行動など
例：身なりを整える	例：シャツをズボンに入れる	例：だらしがない ↓ シャツを出しっぱなしにする
例：常に授業に集中して静かに聞く ＊抽象的な表現から具体的な「行動（動詞）」へ ＊「〜する」というポジティブな表現）」へ ＊「行動」が複数（たくさんの情報）から、１つの「行動」（具体的・簡潔）へ	＊「行動の考え方の転換」今できている・当たり前の行動へ	例：いつもだらだらして、しゃべっていて、授業に集中していない
	例：授業中は前を向く	例：だらだらしている
	例：集中する	例：授業に集中していない
	例：静かに聞く	例：おしゃべりしている ………

ローチをすると、「ポジティブな目で見守られている」と感じ、そうした先生方の「ポジティブな行動・態度・姿勢・目」を見習うようになり、友達や学校以外の場面でも、他人に対する行動・態度・姿勢・目がポジティブになります。

　こうして子どもたちと先生方との間にポジティブな関係ができると、「指導」が必要な場面で、先生方の伝えたい「指導」の内容が具体的に適切に子どもたちに届きます。

　最後に、「行動についての考え方をポジティブに転換する」観点に基づいて「実態把握シート」の「実態」の欄を記入していきます（資料２-１-８）。

　⑦学校全体で「価値」を共有する

　【③学校全体で課題を共有する】と同じ手順で、「実態（ポジティブな行動）」と「理想」にある同じような「行動」を、ポジティブな観点を意識しながら、カテゴリーに分類し、カテゴリーに名前（「動詞」を使って）をつけます。

　そのなかから、学校の「教育目標」や「校訓」などを参考にして、重要だと思う順に３つ程度選びます。これがその学校の「学校全体として一貫した方針」になります。

⑺「行動チャート」の作成

　先の「実態把握シート」を使って作成した「方針」が、「行動チャート」の「価値」（第３章の実践のように「基準」「期待」「観点」などの呼び方もします）になります。

　「行動チャート」は、子どもたちに「価値」に基づいた、ポジティブな行動のモデルや例を示すものです。同時に、指導や称賛の場面での観点の共有となります。個々の観点に基づいて行うのではなく、「行動チャート」に基づいて行うことで、「一貫した結果が得られる学校環境」となります。

資料2-1-9　「時間」という場面ごとの「行動チャート」の例

○○中学校行動チャート

校訓（例）：「自主」「努力」「誠実」

教育目標（例）：「自分に責任をもつ」「豊かな心をはぐくむ」「自立をめざす」「自分・人・物を大切にする」
「確かな学力を身につける」「困難なことにも取り組む」「人のこと・気持ちを考える」「自主的に動く」

	登校	朝の会	授業前	授業中	休み時間
自分に責任をもつ	・安全に気をつける ・地域の人にあいさつをする ・一列で登校する ・登校時間を守る ・公共物を大切にする	・気持ちよいあいさつをする ・忘れ物をしたら報告する	・勉強道具を準備する ・チャイムが鳴る前に座る ・時間に余裕をもって移動する ・物の整理整頓をする	・前を向いている ・話している人の目を見て聴く ・プリントをファイルに綴じる ・机の上を整理する ・配布された物に名前を書く ・わからないところを質問する	・廊下を歩いて移動する ・次の授業の用意をする ・掲示物を大切にする ・机やロッカーを整理する ・時間を意識する ・時間を守る
豊かな心をはぐくむ	・安全に気をつける ・地域の人にあいさつをする ・一列で登校する ・自転車に鍵をかける ・公共物を大切にする	・話している人の目を見て聴く ・最後まで静かに聴く ・元気よくあいさつをする	・物を大切に扱う ・物の整理整頓をする ・時間に余裕をもって移動する ・チャイムが鳴る前に座る	・静かに話を聴く ・話している人の目を見て聴く ・最後まで黙って話を聴く ・話が終わってから質問する ・困っている友達を助ける ・わからないところを質問する ・友達のよいところを見つけあう ・友達のよいところをほめあう	・優しい気持ちで接する ・前向きなことばがけをする ・友達のよいところを見つけあう ・友達のよいところをほめあう ・一人でいる子に声をかける ・静かなトーンで話す
学びを大切にする	・公共物を大切にする ・地域の人にあいさつをする ・交通のルールを守る	・読書をする ・ロッカーにカバンを置く ・授業の準備をして着席する ・忘れ物をしたら報告する	・チャイムが鳴る前に座る ・3分前に授業準備ができている ・物の整理整頓をする ・勉強道具を準備する	・静かに話を聴く ・話している人の目を見て聴く ・話が終わってから質問する ・大きな声で発表する ・わからないところを質問する ・前を向いている ・友達と協力する ・ノートを丁寧に書く ・自分の考えを発表する	・次の時間の用意をする ・忘れ物をしたら報告する ・机やロッカーを整理する ・復習をする ・予習をする ・時間を意識する ・時間を守る ・友達のよいところを見つけあう ・友達のよいところをほめあう

	給食	掃除	帰りの会	下校	放課後・生活
自分に責任をもつ	・当番の用意をする ・静かに待っている ・時間内に食べる ・バランスよく食べる ・座って食べる	・自分の分担を掃除する ・進んで手伝う ・用具を大切に使う ・時間を守る ・整理整頓をする ・工夫する	・次の日の準備をメモする ・話している人の目を見て聴く ・最後まで静かに聴く ・指示をメモする	・一列で下校する ・安全に気をつける ・公共物を大切にする ・地域の人にあいさつをする ・下校時間を守る ・交通のルールを守る	・次の日の用意をする ・公共物を大切にする ・持ち物を確認する ・宿題をする ・宿題を期限までに出す ・家のことを手伝う ・一日の出来事を話す
豊かな心をはぐくむ	・前向きなことばがけをする ・優しい気持ちで接する ・給食当番を手伝う ・座って食べる ・給食当番を手伝う	・掃除場所を自ら見つける ・友達と協力する ・次に使う人のことを考える ・進んで手伝う ・用具を大切に使う ・時間を守る ・友達のよい掃除の仕方を見習う	・話している人の目を見て聴く ・最後まで静かに聴く ・考えて発言する ・次の日の準備をメモする ・指示をメモする	・安全に気をつける ・地域の人にあいさつをする ・一列で下校する ・公共物を大切にする ・下校時間を守る	・前向きなことばがけをする ・優しい気持ちで接する ・友達のよいところを見つけあう ・友達のよいところをほめあう ・プライバシーを大切にする ・家のことを手伝う
学びを大切にする	・適切なことば遣いをする ・当番の用意をする ・時間内に食べる ・バランスよく食べる ・給食当番を手伝う	・適切なことば遣いをする ・工夫する ・時間を守る ・自分の分担を掃除する ・次に使う人のことを考える ・友達のよい掃除の仕方を見習う	・考えて発言する ・話している人の目を見て聴く ・次の日の準備をメモする ・最後まで静かに聴く ・指示をメモする	・安全に気をつける ・地域の人にあいさつをする ・一列で下校する ・公共物を大切にする ・下校時間を守る ・交通のルールを守る	・宿題をする ・自分でする ・宿題を期限までに出す ・家のことを手伝う ・一日の出来事を話す ・友達のよいところを見つけあう ・友達のよいところをほめあう

第2章　PBIS実践マニュアル　45

その３つ程度の「価値」を実現するためには、子どもたちはどのような「行動」をとればよいでしょうか。すでに、「実態把握シート」に記載されている「行動」も含めて、これまでのポイントを踏まえて「具体的な行動」の表現になっているか、２つの「行動」が１つの表現になっていないか、実現可能性のあるものか、などを確認していきます。

　次に、その「行動」を場面ごとに具体化していきます。この作業を行っていくと、大きく２種類の「行動チャート」ができてきました。１つは、教室・廊下などの「場所」という場面ごとの「行動チャート」です（第３章②「中学校／学校全体で取り組むＰＢＩＳ」参照）。そしてもう１つは、授業中・休み時間・そうじなどの「時間」という場面ごとです（第２章①「学級全体で取り組むＰＢＩＳ」、第３章⑤「個別支援／継続的に問題行動が見られる子へのＰＢＩＳ」参照）。これらの「行動チャート」は、「一貫した結果が得られる学校環境」を実現するための、「価値」につながる方針から生まれたものです。

　前ページに紹介した「行動チャート」（資料２‐１‐９）は、「時間」という場面ごとの例です。なお、「行動チャート」のなかの「行動」は、複数の欄で重複してよいものです。

３　学校全体でＰＢＩＳに取り組む実践

⑴「行動チャート」を子どもたちに示す

　「行動チャート」は、応用行動分析の「ポジティブな行動を行うきっかけ・状況」であるＡ（先行事象）の部分にあたります。「行動チャート」を示すことで、子どもたちは事前に「何をしたらよいか」というポジティブな行動が具体的に理解でき、見通しをもつことができます。

　「行動チャート」は、子どもたちの目にいつでも入るように、さまざまな場所に掲示します。また、場所・時間ごとに、それぞれの当該個所の部分を抜き出したものを掲示したりします。

⑵ ポジティブな行動を引き出すアプローチ（基本）

　子どもたちがポジティブな行動したとき、その行動を繰り返させるようポイントを押さえた適切なアプローチをする必要があります。

　適切なアプローチのためのポイントは、般化・内在化・内発動機づけにつながるアプローチ（「ことばかけ」「ジェスチャー」「先生からの注目」「友達からの注目」など）です。そしてそれに加え、その子にとって、どのようなことが「うれしい」ことなのか、「またいいことをしよう」「こうするといいんだ」と思えることなのか、日頃からデータを蓄積し、行動支援計画（ＩＥＰ）にもつながるようにしておくことがポイントです。

資料2-1-10　学校と家庭・地域を含めたＰＢＩＳのためのGood Behaviorチケット

(3) ポジティブな行動を引き出すアプローチ（応用）

　チケット（ポジティブカード）やシールなどのトークンは、ポジティブな行動を引き出すためのツールの一つであり、般化・内在化・内発動機づけにつなげる必要があります。そして、同時に、「指導や称賛の観点のズレを埋めるツール」「コミュケーションの溝を埋めるツール」「見える化（視覚的）のツール」として、活用していきます。また、チケットの枚数をカウントすることで、「データに基づく」ＰＢＩＳにも役立てることができます。

　子どもにとって、その子に合ったポジティブなアプローチをすることと同様に、学校に合ったポジティブなアプローチの工夫も必要です。ここで紹介するGood Behaviorチケット（資料2-1-10）は、学校のニーズを聴き取り、先生方と協働で作成したものです。

　通常、ポジティブな行動を引き出すツールとしてのチケットは、子どもたちのみに渡すもので、「家庭・地域に届ける」という意図は含まれていません。これまで、スクールカウンセラー等の経験のなかで、子どもたちにとって重要な居場所である学校と家庭・地域との関係性がネガティブであることが重要な課題であると認識していました。冒頭でも触れたように、家庭全体・地域全体で取り組むのがＰＢＩＳです。学校と家庭・地域との関係性をポジティブにすることもＰＢＩＳの重要な役割となります。

　学校から家庭・地域への連絡は、生徒指導上の問題などネガティブなメッセージが多く、ポジティブなメッセージを届けることが必要と考え、このGood Behaviorチケットを作成しました。このチケットは、左側を子どもたちが保管し、右側は家庭・地域に届くような仕組みにしました。「見える化」することで、これまで見えにくかった子どもの「学校」でのポジティブな姿（行動・態度・姿勢・目）が家庭・地域に見えるようになります。

(4) データに基づいた修正・改善・フィードバック

　定期的にデータをとることで、「学校全体で取り組むＰＢＩＳ」の適切さを

資料2-1-11 「学校全体で取り組むPBIS」の連環

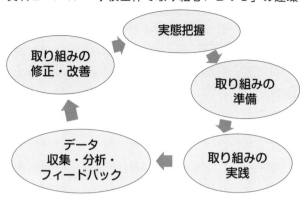

確かめ、取り組みを修正・改善すると同時に、データに基づいたフィードバックを行います（資料2-1-11）。子どもたちに対する「ポジティブなアプローチ」も、日々のフィードバックの一つです。これらに加えて、例えば「宿題の提出率を表にする」など、定期的に収集したデータを「見える化」してフィードバックしていくことが大切です。

また、先生方に対しても、データを活用して、目に見える形でフィードバックしていきます。それにより、日々の取り組みへの意欲や情熱などの維持にもつながります。

4．PBISを「学校全体」から「家庭全体」「地域全体」へ

(1)「学校全体」をポジティブな居場所へ

これまで紹介したような流れで学校全体でPBISを実践し、「行動の記録」やアセス等を分析した結果、資料2-1-2の「ネガティブな行動を生み出してしまう循環」で共有した「学校全体の課題（ネガティブな行動）」が減り、ポジティブな行動（向社会的行動や適切な行動など）が増加していることがわかりました。

子どもたちへの質的研究調査の結果では、「先生は、近くにいる」「先生は、公平だ」「先生はいいところを見てくれている」「先生は、いつも見てくれていると実感した」などがあがっています。先生方への質的研究調査の結果では、「教員が生徒のよいところを見つけようとする姿勢に変わった」「生徒と教員の絆が深まった」「生徒から信頼してもらえるようになった」「生徒だけでなく、教員も『認められている』という自信がついた」などがあがりました。

これらの結果から、子どもたちと学校（先生方）とのよりポジティブな関係性ができ、「ポジティブな居場所としての学校環境」につながっていることがわかります。

(2)「家庭全体」「地域全体」をポジティブな居場所へ

子どもたちへの質的研究調査の結果で、「親に見せたら、『あんた、そんないいこと学校でやっているの』って言われた」などがあがっています。先生方への質的研究調査の結果でも、「教員・生徒・家庭・地域の絆が深まった」「よ

資料2-1-12　ポジティブな行動を生み出す循環

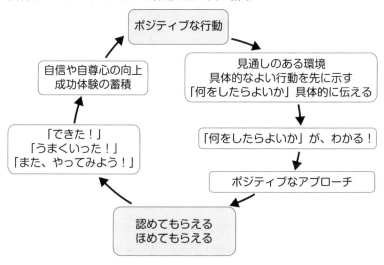

い行動が行われるし、家庭・地域とつながることができるので、負担感がない」「家庭・地域とつながるツールになる」などがあがりました。

また、家庭・地域からも学校宛にポジティブな内容の手紙が届いたり、新聞記事等を通してポジティブなメッセージが届いたりしています。さらに、子どもたちが地域で「ポジティブな行動」をしたことについて、学校にメッセージが届いています（第3章②「中学校／学校全体で取り組むPBIS」参照）。

これらの結果から、「学校」と「家庭・地域」とのポジティブな関係性ができていることがわかります。

このように家庭・地域も巻き込んで学校全体でPBISに取り組むことで、「ポジティブな行動を生み出す循環」につなげていきます（資料2-1-12）。

5．PBISの根源を押さえた上で、できることから始めていく

学校全体でPBISに取り組む際、最初からすべて完璧に実践しようとすると負担感が大きくなります。資料2-1-7「行動についての考え方をポジティブに転換するポイント」でふれたように、先生方もPBISに対するハードルを下げ、自身の学校の実情に合わせて、できるところから始めていくのがいいと思います。その際、形だけマネをするのではなく、これまで述べてきたようなPBISの根源（基礎的基盤）の部分をしっかりと押さえておくことが大切です。

〈参考・引用文献〉
石黒康夫・三田地真実（2015）『参画型マネジメントで生徒指導が変わる―「スクールワイドPBS」導入ガイド16のステップ』図書文化
井上雅彦・松尾理沙・野村和代・秦基子（2012）「子育てが楽しくなる5つの魔法」特定非営利活動法人アスペ・エルデの会
特定非営利活動法人アスペ・エルデの会（2014）「楽しい子育てのためのペアレント・プログラムマニュアル（家族支援体制整備事業の検証と家族支援の今後の方向性について　厚生労働省　平成25年度　障害者総合福祉推進事業）」

3 個別支援としてのPBIS

松山康成

　ＰＢＩＳの大きな特徴の一つに、多層支援であることが挙げられます。学級・学校全体での支援としての行動チャートの作成、そしてその行動チャートに基づく行動の支援で、集団のほとんどの子どもの行動は改善します。

　しかし、全体支援の取り組みでは行動が改善しない子どももいます。このようなとき、担任は「どうしてこの子だけ行動が変わらないんだろう？」と考えてしまいますが、ＰＢＩＳではこのようなことを想定して、次の支援策として個別支援に取り組むシステムとなっています。

　ＰＢＩＳにおける個別支援は、子ども個人に、どのような問題が生じているか、どのような困り感を持っているかをアセスメントし、ポジティブな行動が生まれるように支援を行います。そして、その支援の結果として、問題となる行動の機会の減少を図っていきます（資料２−３−１）。

　ここでは実際の実践に触れながら、学級担任が取り組むことのできる個別支援の具体的な取り組みの手順と方法を紹介していきます。

ここがポイント！ ポジティブな行動が生まれることは、同時に問題行動が減ることとなります。

1．個別支援の対象となる子どもの選出

　学校・学級で取り組んだ全体支援の結果、行動が改善しなかった子どもを選出します。この取り組みは、支援する子、その保護者、そして学級全体に対して、ていねいな説明が必要です。ここでは、小学校５年生の児童Ｋの事例をもとに、個別支援の手順を紹介します。

　個別支援の選出は、できるだけデータに基づいて行います。学級での問題行動のデータ収集方法の一つとして、「行動信号機」というツールがあります（資料２−３−２）。青、黄、赤という３つの色で、子どもの行動の状態を視覚的に示すものです。行動チャートの何ができていれば青、できていなければ黄なのか、どの基準で赤なのかを明確に示すことで、子どもは明確に基準が定められた「行動信号機」を見て、自ら行動を改善することができます。

　「行動信号機」のようなツールを使わない場合でも、担任からの注意回数や問題行動が見られた授業の回数などをデータとして活用し、個別支援の必要

資料2-3-1　個別支援の手順

	手　順	留意事項
1	個別支援の対象となる子どもの選出	・学級経営の負担にならないよう選出する。 ・子ども本人および保護者の同意を得る。
2	問題行動が生まれやすい時間・場面、問題の種類を特定する	・基準を定め、各時間の行動の様子を観察する。
3	問題行動が減少し、適応行動が増加する環境をつくる	・子どもにフィットした支援方法を考え、子どもの環境に取り込む。
4	行動を経過観察する	・適応行動の経過を観察し、子どもを励ます。

資料2-3-2「行動信号機」

な子どもを選出することができます。また、例えば登校の支援が必要な子どもの場合は、登校日数や遅刻の割合、また電話連絡の回数などがデータとして活用できます。

データに基づいて選出することによって、支援の成果をフィードバックすることが可能になりますし、支援の効果が確認できない場合は、支援方法を再検討し、新しい支援方法へ切り替えていくこともできます。

ここで紹介する事例の児童Kは、日頃は友達とも仲良く接する子でしたが、授業中、集中力が欠ける場面が多く、授業を妨害してしまうことがしばしば見られました。学級担任はそんなKを注意する機会が多く、Kとの関係がネガティブになっていくことを恐れていました。

Kの個別支援に取り組むにあたって、K本人および保護者に個別支援の同意を得ます。その際には次のことを伝えます。

①悪い行動を減らすのではなく、いい行動を増やすための取り組みである。
②子ども本人の頑張りを評価する取り組みである。
③取り組みによって、子ども本人がより快適に生活できる取り組みである。

ここがポイント！ 子どもが快適な学校生活を過ごせるよう、データに基づいて支援します。

2．問題行動が生まれやすい時間・場面、問題の種類を特定する

授業中に問題行動が多く見られる児童Kですが、どの時間、どの科目で問題行動が見られるか、時間割を使って問題行動が生まれやすい時間や場面を特定します（資料2-3-3）。問題行動が見られずに授業に取り組めた時間には○、授業に取り組めず問題行動が見られた授業には△を付けます。△をつけた場合は、どのような問題行動が見られたかをメモしておきます。すると、

①朝の時間に友達と会話して、授業を妨害している、②給食前の4時間目は授業に集中できずに立ち歩いてしまう、③家庭科の授業では興味を示さず、勝手に本を読んでしまう、ということがわかりました。

特定されたKの問題行動の時間・場面に対して、学級担任が可能な範囲でKにポジティブな行動が生まれやすくなる仕掛けをつくっていきます。

資料2-3-3　時間割へのチェック

	月	火	水	木	金
1	算数	社会	体育	国語	音楽
2	国語	算数	国語	算数	算数
3	社会	国語	算数	社会	国語
4	体育	音楽	国語	体育	総合
5	理科	図工	総合	家庭科	理科
6	学活	図工		家庭科	理科

3．問題行動が減少し、適応行動が増加する環境をつくる（Aの工夫）

①朝の授業へのサポート

昨日の出来事を誰かと会話したい様子が見られました。朝の休み時間に話す時間をとり、昨日どのようなことがあったのか、今日はどんな気持ちかを担任から話しかけることにしました。これまでは担任から意識してKと話すことはなく、Kは朝の授業へ気持ちを切り替えることができませんでしたが、毎日会話する時間をつくることで、授業へ気持ちを切り替える姿が見られました（資料2-3-5）。

②4時間目の授業へのサポート

Kは、4時間目の特に座学の時間、空腹感から気持ちを授業に向けることができないことがわかりました。そこで、お昼前にお腹がすいてしまう現状を保護者に伝え、朝食の量を少し増やしてもらうことにしました（資料2-3-6）。また体育の場合は問題行動が見られなかったので、水曜日の国語の授業でもグループワークを必ず取り入れるなどの配慮を行いました。K

資料2-3-4　Aを工夫する重要性

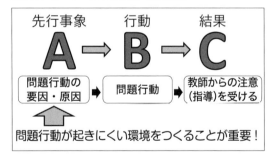

資料2-3-5　朝の児童KのABC

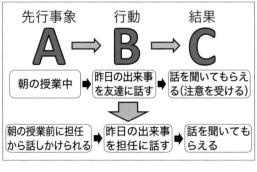

資料2-3-6　4時間目の児童KのABC

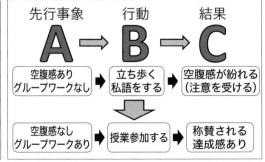

を取り巻く環境を負担のない程度で調整し、Ｋがポジティブに学校生活できるように支援していくという視点が、ＰＢＩＳにおいてとても大切です。

４．行動を経過観察する

　　ＰＢＩＳにおける個別支援においても、データに基づいて取り組みを行っていくことが大切です。計画した支援内容は適切であったか行動を経過観察し、データに基づいて検討します。支援によって効果が見られない場合はその支援を中止し、新しい支援の方法を計画していきます。これによって、結果として効果的な支援が可能になります。

　　ここで大切なことは、具体的なデータを、できるだけ簡単に収集するということです。担任の負担とならず、継続して収集できることが大切です。そ

資料２-３-７　個別チェックシートの例
個別チェックシート（CICO）（　　）月（　　）週目　名前（　　　　　　　　イニシャル可）

			学習 （授業の課題を行う）	友だち （友だちと仲よく過ごす）	安全	合計
月　　日 （月）		1-2h	0・1・2	0・1・2	0・1・2	/6
		3-4h	0・1・2	0・1・2	0・1・2	/6
		5-6h	0・1・2	0・1・2	0・1・2	/6
		コメント				合計 /18
			学習	友だち	安全	合計
月　　日 （火）		1-2h	0・1・2	0・1・2	0・1・2	/6
		3-4h	0・1・2	0・1・2	0・1・2	/6
		5-6h	0・1・2	0・1・2	0・1・2	/6
		コメント				合計 /18
			学習	友だち	安全	合計
月　　日 （水）		1-2h	0・1・2	0・1・2	0・1・2	/6
		3-4h	0・1・2	0・1・2	0・1・2	/6
		5-6h	0・1・2	0・1・2	0・1・2	/6
		コメント				合計 /18
			学習	友だち	安全	合計
月　　日 （木）		1-2h	0・1・2	0・1・2	0・1・2	/6
		3-4h	0・1・2	0・1・2	0・1・2	/6
		5-6h	0・1・2	0・1・2	0・1・2	/6
		コメント				合計 /18
			学習	友だち	安全	合計
月　　日 （金）		1-2h	0・1・2	0・1・2	0・1・2	/6
		3-4h	0・1・2	0・1・2	0・1・2	/6
		5-6h	0・1・2	0・1・2	0・1・2	/6
		コメント				合計 /18

1週間合計	/90

書き方の手順
①日付を書き、1日3回、3段階で個別に子どもの評価をします。
②授業中の様子を評価します。
③3段階の評価は0（問題行動が見られ、課題が遂行できていない場合）、1（問題が見られたが、課題を遂行できている場合）、2（問題は見られず、課題ができている場合）とします。

第2章　PBIS 実践マニュアル　53

のためには、担任の負担にならない頻度で、子どもの行動データを収集できる個別チェックシート（CICO［Check-in/Check-out］）をつくることが有効です（資料2-3-7）。

ここがポイント！ データに基づき、その子にとって効果的な支援を見出していきます。

5. 教職員がチームとなって生み出す子どものポジティブな行動（Cの工夫）

資料2-3-8　Cを工夫する重要性

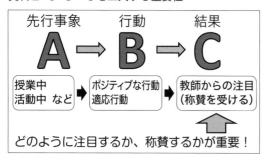

　個別支援は、一人の教師だけではなく、その子どもにかかわる教師全員、つまり学年の教師集団や管理職やカウンセラー、特別支援教育コーディネーターなどと協働して取り組んでいくことが求められます。その際に大切なことは、正確に子どもの課題を共有し、子どものポジティブな行動に教師全員が注目・称賛していくことです。ここでは、教師全員が注目・称賛するための方法を紹介します。

　子どものモチベーションを高めることができるシール：子どものポジティブな行動を称賛するツールとして代表的なのは、シールです。子どもが興味を持ちやすいシールを用いて注目・称賛することで、ポジティブな行動のモチベーションを高めることができます。また中学校や高校の教科担任制の場合は、教師によってシールの色や種類を分けることで、どの教科や場面でポジティブな行動が見られたかを記録することもできます。

　すばやく注目・称賛することができるスタンプ：シールより簡単にすばやく子どものポジティブな行動を称賛できるものとして、スタンプがあります。ノートを書く、連絡帳を書く、ワークシートに取り組むなどの適応行動への注目・称賛の際に活用することができます。

　保護者とポジティブな行動を共有する連絡帳へのチェック：教師全員で子どものポジティブな行動に注目・称賛するだけでなく、保護者にもその行動を伝え、家庭でも称賛をしてもらうために、連絡帳を使った行動チェックも有効です。方法は、具体的な適応行動を決めて、その行動の回数を伝えたり、上記のシールやスタンプの数の推移を伝えることが考えられます。子どもの頑張りを家庭と共有することで、子どもにとって個別支援が有効なものとなり、ポジティブな行動は増加・維持していきます。

 子どもが確実にポジティブな行動が増加していくように、Cを工夫します。

第3章

やってみよう！
PBIS実践集

1 【小学校】学級全体で取り組む·PBIS

学級目標を活用して、だれもが安心して過ごせる学級チームづくりを

滝川　優

ポジティブ精神は「ピア・サポート」から

　私が勤務する新潟市立大通小学校では、全校体制でピア・サポート活動に取り組んでいます。小学1～6年生の異学年の仲間とグループになり、目的に向かって支え合って学校行事に参加するのです。友達と支え合って活動できる「ピア・サポーター」になるために心がけることは、以下の3点です。

- ・友達と仲良くなろうとしている。
- ・友達が困っていたら、進んで助けようとする。
- ・自分ができることは何かを考え、みんなのために行動しようとする。

　「～をしなければならない」とか「嫌なことをしません！」などという否定的なことではありません。また、「絶対に仲良くなる」ではなく、「仲良くなろうとする」という心がけで、どんな子どもでも「ピア・サポーターになれそうな気がする」と前向きな姿勢で活動できるのです。

　私は、学級経営をする上でも、ポジティブな精神で子どもたちと一緒に活動しようと決めていました。

チームに進化！　学級目標づくりの手続き

　ここでご紹介する実践の主役は、クラス替えをした5年生です。27名の児童と顔合わせの4月、仲良しの友達と離れたり、担任はどんな先生なのか探ったりと、だれもが不安を抱えていて表情が強張っていました。また、学習や生活面で特別な支援を必要とする子どもや、人とのかかわり方が不器用な子どももいて、どのように支援していこうかと、担任の私も身構えてしまっていました。しかし、子どもたちの作文から、不安の反面、一人一人から新しい学級や担任に対する期待があることがわかったのです。まず、「どんなクラスにしたいか」という願いを共有することから始めました。

資料3-1-1　願いを共有した
　　　　　ファシリテーションのまとめ

互いの願いを認め合うとチームになる

　1人1枚ずつ付箋を渡して、「どんなクラスにしたいか」というそれぞれの考えを書かせました。すぐ鉛筆を持って書き出す子もいれば、天井を見つめて自分と相談して考えている子もいました。今までの自分の経験を一人一人が振り返ったのです。

　そして、付箋を持って椅子だけで輪になって、一人一人が願いを発表しました。「友達を大切にするクラスにしたい」「進んでサポートできるクラスがいい」「勉強をしっかりするクラスにしたい」などとみんなが前向きな願いを語るので、緊張で張り詰めていた教室が、自然と和らいできました。

　私は、学級目標をつくる上で、目標をどれかに絞ることは好ましくないと考えます。学級集団は個の集まりであって、一人一人が願いを持っています。目標を絞り込むことをすると、選ばれる願いもあれば選ばれない願いもあるのです。そうしたら、認めてもらえなかった願いを持つだれかが悲しい思いをするのです。

　そこで、子どもたちに「どれか1つに絞らなければいけませんか」と問うと、「一人一人の願いが伝わってうれしかったから、どれも消したくない」「それぞれの願いが光るクラスにしたい」と、7つに分類した願いを受け止め、認め合っていました。モチベーションを維持しながら、七色の願いを乗せた〈Rainbow ship〉という素敵な船ができあがりました。

　ここまでは、スポーツチームでいうと、チーム名やチームのモチーフができあがった段階です。この船をどうやって動かすのかが重要になってきます。

資料3-1-2　3観点での具体的な行動目標を書き込んだ
　　　　　「オール」と〈Rainbow ship〉

 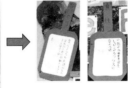

船を動かすためのオールづくり

　学校のリーダーである「6年生島」に向かうために、〈Rainbow ship〉を自分たちの力で漕いで進まなければなりません。

　そこで、自校が掲げている品格教育の要点である「思いやり・責任・感謝」を活用しました。3つの観点においてどんな行動ができると、自分たちが目指す目標に近づけるのか考えました。今までの自分や学年を振

り返って、もっとできるようになるべき行動は何かを話し合わせると、学級生活での課題やピア・サポート活動での課題から、具体的な行動目標を生み出すことができました。これを「オール」に書き込み、〈Rainbow ship〉に取り付け、教室に掲示しました（資料3-1-2）。

　以下に、具体的な行動目標の一部を紹介します。

【思いやり】

・困っている友達に「大丈夫？」と声をかけて助ける。

・まわりの人に迷惑になっていないか、確かめる。

・優しい言葉遣いを意識して人に接する。

・思いやって譲ったり、待ってあげたりする。

・わからないことがあったら、教えてあげたり一緒に考えたりする。

【責任】

・係や当番の仕事を最後まで取り組む。

・学校のものや校舎を大切にする。

・人に借りたものはていねいに扱う。

・自分が言ったことに責任を持つ。

・やるべきこと（宿題など）を自分でやり遂げようとする。

【感謝】

・何かしてもらったら、「ありがとう」を言う。

・助けてもらったり、ものを貸してもらったりしたらお礼を言う。

・給食の食器をていねいに片付ける。

・掃除をていねいにする。

いつも子どもたちのそばにある具現化された学級目標

　具体的な行動目標は、いつでも子どもたちが意識できる目標になっていました。

子どもたちが決める話し合いのルール

　例えば、課題を見つけたら議題箱に投稿し、定期的に開くクラス会議で話し合いをします。そのクラス会議では、安心して話し合うルールを、子どもたちが決めました。題して、「相手を受け入れる『話す・聞くスキル』」です。相手の目を見て話すことや、「～ですよね？」と問いかけがあったら反応することなど、ありきたりなスキルかもしれません。しかし、自分たちでスキルを決めた「責任」と、相手を受け止めようとする「思いやり」が示され、話

をしている友達を邪魔したり、和を乱したりする行動は、なくなっていきました。それよりも、スキルを達成しようとする積極的な姿が増えていったのです。

どんな課題も自分たちで解決したいという、意欲と団結力を持つチームに育っていったのだと思います。

振り返ることで認め合う関係に

自分が、「今日何を目指して、何ができていたか」を振り返ることで、一つずつ目標達成していけるのです。それが、学級の目標にもつながっているため、だれもが学級のチームの輪を意識して、所属感を持つことができます。

自己肯定感が低くて「自分ができていたかわからない」と言う子も、まわりにいる友達が、「○○さん、当番忘れずにしていたよね！」と認めてくれます。漠然とした抽象的な目標ではなく、具体的な行動目標は、チームに自信を与えていました。

オールを見直して進化するチーム

毎月末には、〈Rainbow ship〉が進んだか、しっかり「オール」を動かせていたかと学級を振り返る話し合い活動を行いました。多数の児童が肯定的に評価して達成した目標は、次の目標に張り替えます。学級で過ごしていくうちに、互いのいいところや悪いところが見えてきます。それを受け入れた上で、時期に合わせて、毎月、自分たちの課題が変化していきます。1月2月になると、6年生になる意識が高まり、「清掃班で6年生のように下級生に声をかけながら掃除をする」などと、学級内だけではなく学校内での立場を意識する目標が出てきました。

また、自分の良さや友達の良さ、学級の良さを伝えられるようになりました。自己肯定感の低い子は「僕なんてどうせ…」「こんなことできないし」とあきらめがちでしたが、友達に認めてもらって自信をつけていきます。励ましてもらった子は、今度は違う相手のことも受け入れる目を持ちます。

1月末のある子どもの振り返りには、「私たちは何ができて何ができていないかよくわかっていたので、2月の『オール』も必ずできると思います。新しい目標をまたみんなで達成したいです」とありました。望ましい行動を増やし、自信を持って取り組んでいくことができました。指導者のポジティブな働きかけで、子どもたちもポジティブな行動を積極的に取り組めるようになったのです。

2 【中学校】学校全体で取り組む・PBIS

「だれもが行きたくなる学校づくり」を推進するPBIS

松本一郎・三宅理抄子

　学校に行くことはすばらしいことであり、子どもたちは、そのすばらしいことに毎日取り組んでいるのです。そのすばらしい行動に着目し、それを可視化し、みんなで共有することで、学び合い、高め合い、一人一人が成長できる糧とすること、「これがPBISの精神だ」と考えています。

　総社市の不登校対策として始まった「だれもが行きたくなる学校づくり」（以下、「だれ行き」）は、不登校の原因を探り、その原因に応じた対策を考えるという問題対処型の取り組みではありません。「毎日、学校に行って、自分自身を成長させようと努力している子どもたちは、何が魅力で登校しているのか」という学校の魅力に着目するプラスの発想が原点になっています。マルチレベルアプローチによる予防的・開発的・積極的・包括的生徒指導によって、ソーシャルボンドを形成し、だれもが行きたい魅力あふれる学校を目指す取り組みの一つが、総社西中学校のPBISなのです。

SCCのコーディネートから誕生したSWPBIS

　導入当時は、生徒たちには規律に反発する傾向があり、友達・教職員と温かい人間関係が築きにくい状況がありました。そこでスクールカウンセリングチーフ（教育相談教諭。以下、SCC）は、「だれ行き」研修講師陣（大学教員等の専門家）と連携を図りながら、改善の糸口を探っていきました。授業参観をはじめ、個別相談、発達障がいについての教職員研修を積みながら、スクールカウンセラーであった枝廣和憲先生からPBISのアイデアを得ました。

　チーム学校として「だれ行き」を推進していくためには、学校の状況を熟知し、幅広い知識や経験を持ち、専門家との連携を担当するSCCの存在が欠かせません。そして、SCCのコーディネートによって、PBISの導入が可能となったのです。

　あえて「SWPBIS」と言うのは、学校全体での取り組み（School Wide）であるということですが、私たちはSWにSoja-Westの意味も込めました。

資料3-2-1　行動チャート　総社西中学校で期待される行動　～人・物・時間を大切に～

場 期待	教室で	廊下で	グラウンドで	図書室で	体育館で	トイレで
自分を 尊重す る	・課題に集中します。 ・注意深く聞きます。 ・よい姿勢をします。 ・落ち着いて行動します。	・静かに歩きます。	・楽しみます。 ・規則を守ります。	・静かにします。 ・勉強します。 ・本を読みます。	・静かに座って待ちます。	・手をよく洗い、乾かします。
友達を 大切に する	・適切な言葉遣いをします。 ・適切な声の大きさで話します。 ・友達に親切にします。 ・助け合います。 ・他人の意見や権利を尊重します。	・パーソナルスペースを意識します。 ・あいさつをします。 ・会釈をします。	・安全に遊びます。 ・時間や用具を共有します。	・会話はささやき声でします。	・先生の指示をよく聞き、周りをよく見ます。 ・友達に拍手します。	・清潔に使います。 ・プライバシーを尊重します。
物・時 間を大 事にす	・使った物は片付けます。 ・公共物を大切にします。 ・時間を意識します。 ・素早く行動します。 ・ゴミはゴミ箱へ捨てます。	・掲示物を大切にします。	・用具は大切に使います。 ・後片付けをきちんとします。 ・ぬかるんだ所は避けて歩きます。	・帰るときには椅子を元に戻します。 ・本は丁寧に扱います。	・ボールやネットなど適切に扱います。	・備品を丁寧に使います。 ・汚れたら掃除をします。 ・節約をします。
心 を 込 め て 掃 除 し ま す。						

「行動チャート」の作成

　　「行動チャート」は、ＰＢＩＳの旗印であると同時に、目標や方向性を示す灯台の意味があります。この作成に多くの教職員が参画し、合意を形成することが、スクールワイドで実施するポイントになると思います。

　　そこで、学校全体で、「人・物・時間を大切に」という総社西中学校の合言葉を軸に、各活動場面での目標を「総社西中学校で期待される行動」として設定しました。これは、「だれ行き」で行っている「品格教育」にも関連付けています。作成にあたっては、それぞれの場面で生徒にどのような行動ができるようになってほしいか、現在在籍する生徒の実態に合わせたものにしました。また、「○○します」というポジティブな表現で統一しました。この「行動チャート」（資料3－2－1）はポスターにして、教室、廊下、トイレ、掲示板など数十か所に掲示し、だれでもいつでも見られる状態にしました。

　　振り返りは各担任に任せ、毎月の「品格教育」の徳目に関連した行動ができたか、目標が達成できたかを盛り込んだ振り返りをするクラスもあります。

「Good Behavior チケット」の導入

　　総社西中学校のＰＢＩＳの取り組みの特色は、生徒のよい行動を「可視化」し、保護者にも届けるというところです。そのためのアイテムとして、「Good

資料3-2-2
Good Behaviorチケット

Behaviorチケット」（以下、ＧＢチケット）を導入しました。

　悪い連絡は同じ生徒に集中しやすく、その保護者は、どんな気持ちで連絡を聞いているのかと思うと心が痛みます。そうした保護者こそ、ＧＢチケットを待ち望んでおり、保護者との関係性を改善する鍵がそこにあると思います。

　総社市の「だれ行き」のキーワードに「先手必勝の生徒指導」があります。これは何か問題が起きてから保護者と連絡をとるのではなく、普段から子どもの「よい行い」をもとにつながり合うことで、教職員と保護者とのポジティブな人間関係を積極的に築いていきたいという理念を表しています。

　ＧＢチケットは、教職員の気持ちが動いたとき、あるいは「ありがとう」と思ったときに渡されます。非常に漠然としていますが、この方法だと教職員がやりやすく、また教職員の感性が養われると考えました。

　ただ、ＡさんとＢさんが同じよいことをしても、ＧＢチケットをもらえる場合ともらえない場合が出てきます。そのことが、生徒の不公平感を助長するのではないかという意見もありました。しかし、実践してみてわかることは、服装や頭髪などへの注意や指導の違いには不公平感を抱く生徒が多いのに比べて、ＧＢチケットを渡すというプラスの行為には、不公平感は生まれにくいという実感があります。

　ＧＢチケットは色やイラストを変えて６種類用意されています。ＧＢチケットはミシン目で切り離すことができ、内容が書かれた右側を保護者に見せ、左側は専用のノート（生徒１人１冊）に貼って教室に保管。10枚たまると集会で校長から賞状が渡されます。

　ＧＢチケットの渡し方は、それぞれの教職員が自分で渡す、担任から渡してもらう、クラス全員に紹介しながら渡す、こっそり渡すなど、さまざまなバリエーションがあります。また、学級通信で保護者にお知らせする、保護者懇談会で渡すなど、担任の判断で適切な方法で利用されていました。

　さらに、学期内にクラスの生徒全員に渡すことを目標にして、生徒の氏名印をチケットに押した教員、どんなことで渡したか内容を細かく記録しておく教員もいました。通知表の所見や指導要録に活用できるからです。

生徒・保護者の反応

　このＧＢチケット発行開始から２か月後には、保護者からの反響が形とな

って表れました。生徒指導上のことで保護者に連絡した折、「先生は、うちの子にＧＢチケットをくれた先生ですよね」ということから話が始まり協力的な雰囲気になったり、「子どものよい行動を知り、家庭でプラスの会話ができます」などと感謝の言葉を伝えてくれたりと、肯定的なメッセージによって、保護者との温かい信頼関係が生まれてきました。

　生徒は「行動チャート」で場面ごとによい行動の具体例を学び、さらにＧＢチケットで感謝されることにより、自信を深め、よい行いを次々と具体的に行っていきました。友達がＧＢチケットをもらっている姿を見て「これがよい行いなのか」と気づいたり、「よい行いをすると自分に返ってくる」と感じたりする生徒もいました。陸橋でお年寄りの荷物を運ぶという善行もあり、学校への感謝の言葉が、教職員のモチベーションを高めました。

　ある卒業生の保護者は、「私の子どもは卒業までに２枚のチケットをもらいました。高校入学後の今も、額に入れて机の上に置いて毎日見ています。この取り組みはぜひ続けてください」と、子どもの様子を教えてくれました。

ＧＢチケットと教職員の変容

　学年会でＧＢチケットを導入しようと伝えたとき、何人かの同僚は、新しい仕事を増やすことに抵抗感を示しました。そこで、心理的負担感を軽減するために、「できる人から無理のない範囲でＧＢチケットを書きましょう」と伝えました。やらされる意識では逆効果と思ったからです。しかし、実際にＧＢチケットを渡し始めると、その教育的効果を実感した教職員は、身近なコミュニケーションツールとして積極的に活用していきました。

　職員室の中で、ＧＢチケットが話題になることも増えました。「Ｃさんが、〇〇してくれたんよ」などと、生徒のよい行動を話題にすることが増えました。今まで通り過ぎていた生徒の価値ある行動が、ＧＢチケットに書き留められて、可視化されることによって、みんなに共有されていきました。

　また、補欠や出張に際して、同僚同士でＧＢチケットをやりとりしました。管理職も生徒や先生に感謝の言葉を書きました。職員室に笑顔が増えるとともに、みんなが穏やかになっていきました。一番の効果は、チケットを書く教職員自身の自尊感情を高めることにあるのかもしれません。総社西中型ＰＢＩＳの実践をヒントにして、教職員・児童生徒・保護者の温かい笑顔あふれるポジティブな学校の輪が広がることを願っています。

〈参考文献〉
東長典（2015）『だれもが行きたくなる学校づくり入門』総社市教育委員会
松本一郎・三宅理抄子（2016）「チーム学校とＳＣＣ」『チーム学校と教育相談教諭』日本学校教育相談学会

3 【高校】PBISを活用した
ポジティブな学級づくり
カルテ方式で自己管理&いいところ探し　　　大西由美

　　学校生活の中で仲間や環境を大切にして、時と場にふさわしい行動がとれるようになるということは、高校生にとっても大切なことです。これまでに紹介された、小学校や中学校のPBISの取り組みを参考にしながら、高校生（中等教育学校後期課程）への実践を工夫してみました。

実践までに準備したこと

　　新たな取り組みの導入には、下準備が必要です。PBISについて先生方に理解していただくために、教職員研修を行いました。PBISの原理や実践方法、行動チャートの主旨や内容などについて講師の先生から説明していただき、そのあとで実際に「先生方の行動チャート」をつくり、内容について講評していただくというものです。行動チャートを実際につくっていく中で、先生方は理解を深め実践への手応えを感じてくださったようでした。

　　研修を通して、PBISが目指す規範意識の高揚や生徒の自己指導力の向上などが、先生方の日頃の教育実践と遠く離れたものではなく、むしろ目指すことと重なる新たな手法であると実感してもらうことができました。

中学生が先行実施

　　ここで紹介する高校生の実践の1年前に、まずは中学校3年生が学年全体で取り組み始めました。幸いなことに実践校では問題行動はほとんどなく、落ち着いていましたので、行動チャートづくりも生徒主体で行わせ、教員が調整して学年共通のものを作成しました。さらに、望ましい行動への称賛も、教師からではなく生徒同士でカードを贈り合う形式にしました。

　　活動を経験した生徒は、「恥ずかしくてできなかったよい行動を積極的にできるようになった」「友達のよいところを考えるようになり、あまり怒らなくなった」「ありがとうと言われてうれしかったので、これからもまわりに目を向けようと思った」などといった感想を述べています。また先生からは「望ましい行動と認め合うことができるようになっている。ほめられることで今

度は誰かをほめたいというポジティブなサイクルが生まれている」といった感想が聞かれました。

高校生の実践のための工夫

2017年春から高校生にも実践したいと考え、まず自分のクラスから始めることにしました。高校3年生・理系クラス47名です。4月から受験に向けての指導や面接などで生徒も教師も忙しい中に新しい活動を入れるには、それなりの工夫が必要だと考えました。できるだけ無理なく継続できるもので、しかもPBISの「問題行動の予防」「望ましい行動への承認と強化」の特徴が生きていて、最終的に自分を大切にする行動につながるようにするにはどうしたらよいだろうか、と思案しました。そして、ひと目でわかり、すぐ記入でき、定期的な振り返りが可能で、よい行動への称賛もできて、忙しい中でも継続できそうな「カルテ方式」にすることにしました。

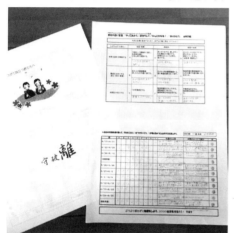

資料3-3-1
「カルテ方式」の行動チャートと振り返り表

B4サイズの紙の内側に行動チャートと振り返り表を印刷しました。折りたたんだときに表紙になる外側には、イラストやクラス目標の「守破離」を印刷して、生徒にとって親しみを感じやすいものになるよう工夫しました（資料3-3-1）。

行動チャート

前年度に中学校3年生がつくったものをもとに、項目ごとに自己目標も書けるようにしています。中学生までは全員統一した行動目標ですが、高校生には、よい行動への内発的な動機づけを強くするためにも、また活動がお仕着せにならないためにも、自分で考えた目標を掲げてほしいと思ったからです。行動の項目は「仲間（他者）を尊重する」「環境を大切にする（安心・安全・清潔）」「時間・自分を大切にする」の3項目、場面は「教室（授業）」「学校内」「家庭や地域」の3項目です。

振り返り表

振り返りは毎週行いました。カルテの表に振り返りの期間を明示し、期間の最後がロング・ホームルームのある金曜日になるようにしました。そして「自分の行動を振り返って、できたことに○を付けていこう。○が増えるように心がけて生活しよう」というメッセージを示し、行動表の項目と場面を組

み合わせたAからIまでの9つの項目について、自己評価させるようにしました。その横に「今週のひと言」と「仲間のよいところ紹介」欄をつくりました。担任として生徒の考えていることを少しでもくみ上げたいという思いと、仲間のよいところに目を向ける学級風土を育てたいと思ったからでもあります。

生徒と担任のやりとりの中で…

生徒は「今週のひと言」欄に、「ゴールデンウイークは勉強頑張ります」「筆箱にペンのインクがしみて悲しい」「マーク模試で100点目指します」などと、思うままのことを書きます。生徒のコメントに合わせて「頼もしいね」「悲しかったね」「応援しています」などの短いコメントを赤で書いて返しました。返事のコメントは短くても必ず書くようにしていると、生徒は（もう高校3年ですが）担任のコメントを楽しみに、毎回しっかりコメントを書いてくれました。

「仲間のよいところ紹介」で紹介されたことについては、担任が本人のカルテに「配布物を手伝ってくれてありがとう」「委員の仕事を頑張ってくれてありがとう」などとフィードバックしました。最初のうちはあいさつや手伝いなど行動面のことがよく書かれていましたが、後半になってくると「○○さんと悩みを相談しあえた」「疲れているとき○○君が心配してくれてうれしかった」など、学級内のピア・サポートが自然に機能していることをうかがわせるコメントが見られるようになりました。

事前事後アンケートの実施

実践を始めたばかりの5月1日と、1学期の期末考査の終わった7月10日にアンケートを実施しました。5月は、望ましい行動についての生徒の自己評価を知るため、7月はこの実践を通じて何らかの成果があったかを見たいと思ったためです。

①「私は仲間を大切にする行動ができている」、②「私は時間を大切にする行動ができている」、③「私は環境を大切にする行動ができている」、④「私は自分を大切にする行動ができている」の4項目で、生徒に7段階（7＝大変よくできている、6＝よくできている、5＝どちらかといえばできている、4＝どちらでもない、3＝どちらかといえばできていない、2＝あまりできていない、1＝できていない）で自己評価してもらいました。また、各項目について評価の具体的な内容も短く記入してもらうようにしました。

この項目ごとの平均値を比較することと、コメントに現れる生徒の生活の様子で活動を評価できればと考えました。

事前アンケートの結果から

　事前アンケートで意外だったのは、①（仲間）の評価（クラス平均5.9）に男女間で有意差があったということです（男子6.5、女子5.5）。また、②（時間）の評価（クラス平均4.5、最小値1）については、他の項目と比べて大きなちらばりがありました。その他の項目はいずれもクラス平均5.1で、男女差もほとんどありませんでした。高校3年生でもあることから、望ましい行動がどちらかといえば最初からできている状態であったとみています。

事後アンケートの結果から

　事後アンケートでは、うれしい変化がありました。①（仲間）の女子の評価が5.5から5.9へと上がり、男子との間にあった有意差がなくなったのです。ちなみに男子は6.5のまま変化はありませんでした。受験勉強が本格化していく中で、この数値が上がること、また下がっていかないことは取り組みの成果だと思いたいところです。

　②（時間）では、平均4.0と逆に数値が下がってしまいました。ただし最小値は1だったものが2となり、これは以前より時間を意識し、自己評価が厳しくなってきたことの表れかと見ています。③（環境）では、女子の平均が5.0から5.4へと上がりました。しかし、④（自分）についての変化はありませんでした。さらに実践を続ける必要があると感じました。

おわりに　生徒のコメントから

　最後に、ＰＢＩＳに取り組んだ生徒のコメントを紹介します。

　「他の人の役に立ちたい、人のよいところを見つけたいと思えるようになった」「（今週のひと言の欄で）不安に思うことや悩みなどを気軽に伝えられることに加え、客観的に自分を見直す機会になり、浄化されるように感じた」「できていることは続けよう、できていないことはできるようにしようという気持ちがわいて、生活にいい流れができた」「時間をもっと大切に、自分のこの恵まれた環境を大切にしようという意識が高くなった」

　成長や意識の広がりが見て取れます。高校生にも、ＰＢＩＳを工夫して実施することができました。生徒理解を深め、より細やかにかかわるためのよい手段として、継続していきたいと思っています。

4 【部活動】ポジティブな環境で生徒主体の部活動に！

山下晴久

チームビルディングのツールとしてのPBIS

　私は30年以上、中学校でサッカー部の指導にかかわってきました。これまでの私は、生徒に対しては上から目線で、厳しく指導することが多い顧問でした。近年はやる気を引き出すコーチングに興味を持ち、生徒の主体性を大切にするようになりました。しかし、集団で行うスポーツにおいて、個人に対するアプローチだけでは限界があります。生徒たちが自ら話し、考え、行動しながらチームビルディングしていく方法について模索しました。

　そんなとき、「奈良教育大学ピアメディエーション研究会」に参加しました。そこで、ＰＢＩＳと呼ばれる、生徒のポジティブな行動に焦点を当てた支援について議論がなされていました。この考え方を活かして、従来の生徒との1対1の関係を大切にしながら、部活動を行っている仲間周辺を肯定的な環境（話しやすく安全な環境）にし、肯定的な思考や行動が生まれやすい環境づくりを通してチームビルディングにつなげていくことを考えました（資料3-4-1）。

資料3-4-1　環境づくりの考え方

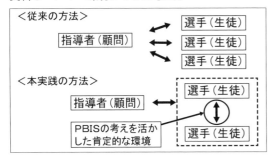

行動表チャートの作成

　実践は生徒がポジティブな方向性を維持して活動を続けるために行動目標を作成することから始めました。1年間の実践を通じて生徒の行動目標となる行動チャートを以下の手順で2回作成しました。
①顧問と生徒で行動マトリクスの観点と場面を考える。
②生徒個人が観点と場面に合わせてルールを用紙に書き出す。
③②の用紙をもとに4～5人のグループで意見をまとめて、一項目ずつ付箋に書き出す。

④各グループがこの付箋を持ち寄り、全員で表の各項目についてふさわしいルール
を選び完成させる。

⑤この過程全体を通して、ポジティブな言葉を使う。例えば、「練習は手を抜かな
い」は「練習は真剣に取り組む」に、「だらだらと行動しない」は「人より早く
行動する」に変える。

1回目は実践を始めた7月、2回目は翌年の4月（完成5月）に作成しま
した。この行動チャートは個人の部活ノートに貼り、つねに各自の目に触れ
意識できるようにしました。

1回目の行動チャートと選手の変化

1回目の行動チャートは、新チームがスタートする7月に「多くの人に応
援してもらえるチーム」というテーマで作成しました。「自分たちが多くの人
に応援してもらうにはどんな行動をすればよいのか」という議論から始めて、
上記の手順で4日がかりで作成しました。作成してすぐに現れた変化は、更
衣場所が整然としていることでした。

生徒たちは、自分の荷物は鞄の中に入れ、靴や鞄はきれいに並べていまし
た。活動後の片付けも、お互いを気遣い合う姿勢が目立つようになりました。
何より、試合中に生徒が発する言葉が、ポジティブで前向きになりました。
例えば、仲間がミスをしたとき、ミスを非難する声から、「ドンマイ」「次い
こう」などと仲間を支える言葉が増えました。一人がポジティブな言葉を発
するとそれは伝染します。ポジティブな言葉で行動表をつくることで、一つ
一つの行動が前向きになっていたように思います。

生徒が行動チャートを前向きに意識して一つ一つの行動を実行していく姿
勢には驚かされました。

新たな行動チャート作成へ

実践は軌道に乗り順調に経過していきましたが、3か月6か月と時間の経
過とともに、行動表に対する生徒の意識が薄れ、生徒のポジティブな行動も
減少していることが感じられるようになってきました。そこで思い切って新
たな行動チャートをつくることにしました。学年が変わる翌年4月（完成5
月）に、「最後の大会に向けて」というテーマで、2回目の行動チャートを作
成しました。

この行動チャートは「守らなければならないルール」よりも「大切にした
いルール」というイメージを意識しながら、生徒たちが観点と場面そしてル

資料3-4-2　行動チャートの例　　　　　　　　　　　　　　　　　　（2016年5月10日作成）

場面 / 観点	トレーニング	試合	ミーティング	公共心
サッカーが上達する	・基礎基本を大切にする。 ・人の2倍がんばる。 ・一つ一つの練習の意味を考える。 ・「自分」に集中してトレーニングする。	・みんなで声を出して盛り上げる。 ・笛が鳴るまでプレーを続ける。 ・「いま」と「自分」に集中する。	・先生の話を理解しその内容を力にする ・振り返りをして、「できたこと」「できなかったこと」は何かを考える。	・まとまって素早く行動して、試合への気持ちをつくる。 ・何事もルールを守る。 ・多くの人に応援してもらえる行動をとる。
自分を高める	・つねに高い意志を持ちプレーする。 ・My Ruleを決めて活用する。	・半径1m以内で勝つ。 ・自分がどうしたいかを周りに伝える。 ・粘り強くプレーを続ける。	・普段の自分を見つめて成長につなげる。 ・自分の意見を大切にする。 ・相手の意見を聞く。 ・手を挙げて、積極的に意見を言う。	・持ち物の管理を徹底する。 ・整理整頓につとめる。 ・一つ一つの行動を早くする。 ・大きな声であいさつする。
仲間とかかわる	・自分のしたいことをみんなに伝えて共通理解をはかる。 ・準備や片付けを含め仲間と協力しあう。 ・集合はスムーズに行い、きれいに整列する。	・どんな状況であっても最後まで精一杯プレーをやりきる。 ・仲間を信じて一つ一つのプレーに責任を持つ。 ・ピッチとベンチの温度差をなくす。（全員で戦う）	・人の意見は最後までしっかり聞く。 ・進んで自分から意見を言う。 ・「できたこと」「できなかったこと」を話し合って試合に活かす。 ・対戦相手を分析して、伝え合う。	・チームとしてのプライドを持って行動する。 ・会場にいる人に積極的にあいさつする。

最後の大会に向けて　　チームが一丸となっていこう！

ールの内容すべてを決めてつくりあげました。「守らなければならないルール」は堅苦しく、窮屈でやがて嫌になってしまう。一方、「大切にしたいルール」とは、自分たちがこれを実行したらよい変化につながるという行動目標としてのルールづくりと考えたのです。

　この行動チャート（資料3-4-2）からは、「個人が自分の責任を果たすことを通して、集団のつながりに結び付けたい」という生徒たちの意志が伝わってきます。この行動チャートを作成してから引退の日まで、選手たちの言動が以前に増して主体的で協働的になりました。生徒たちも急速にチームがまとまったと実感しています。実際に試合の内容や結果が大きな成長を遂げました。特に、生徒との会話の中で「自分たちでつくったルールだから守れる」という発言が心に残りました。私自身が、生徒が自分たちの行動基準（行

動チャート）を自己決定することの大切さを実感させられました。

ポジティブな行動を定着化するための振り返り

　日々の活動における振り返りはとても重要です。個人の小さな達成や成長に目を向け、全員で共有することはＰＢＩＳの基本的な考え方につながるように思います。日頃から行動チャートの内容を確認し、「何がよくなった？」「なぜできるようになった？」「どうしたらできるようになる？」など解決志向につながる問いかけを大切にしました。私が、部活ノートに記述するコメントや私と生徒、生徒間のコミュニケーションにおいても、解決志向を意識した問いかけを通して振り返ることを継続しました。

　また、荷物が整理されてある（資料3-4-3）、自分たちが発する言葉がポジティブであることを実感することは、集団活動の自信につながります。このような振り返りの継続は、生徒一人一人、また、集団が、自らＰＤＣＡ（計画→実行→評価→改善）を繰り返しながら活動を改善させる力を身につけることにつながるように思います。そして、生徒たちが日々の活動を通して規範意識を向上させることにつながるでしょう。

資料3-4-3　整理されている荷物

まず普段使いしながら、熟成させる

　私の場合、部活動の場面でＰＢＩＳの方法を取り入れました。学級活動や委員会活動でも、行動基準をつくり、振り返りを大切にすることは、担当者の判断でできる範囲だと思います。例えば、学級目標を達成するためにはどんなポジティブな行動があったらよいかを子どもたちと考えてみるだけでも、実践は進みます。

　実践が進み始めると、実践に変化が必要になってきます。この実践においては、新たな行動チャートをつくることで、生徒の行動に新たな変化が生まれました。部屋を掃除すれば気分が変わるのと同じで、行動チャートをそのときにふさわしいものに変化させたことはこの実践において、大きな意味を持ったように思います。

　今回の実践は、私にとって日々の教育活動にＰＢＩＳの方法を取り入れていくスタートラインととらえ、これからも実践を重ねていきたいと考えています。ＰＢＩＳを普段使いできる場面を探してみると、身近な教育活動の中にＰＢＩＳが有効な場面がたくさんあると思います。

5 【個別支援】継続的に問題行動が見られる子へのPBIS

沖原総太

　　　私は、教員になった初年度から小学校４年生の学級担任に。期待と不安の
なか、教師生活がスタートしました。最初、チャイムと同時に授業が始められ
ることや、ノートや教科書などについても、児童は授業準備が当たり前に
できるものと思っていました。しかし１学期、チャイムが鳴っても着席しな
い児童、休み時間との切り替えができない児童など、想定していなかった問
題がたくさん起きてきました。

　　　そのような中で私は、２学期からPBISに取り組みました。ここでは、
学級全体で取り組むPBISに取り組んだ結果、継続的に問題行動が見られ
た児童Aへの個別支援実践を紹介します。

学級での第１層（グリーン）支援の取り組み

　　　２学期のはじめ、学級全員で、クラスで大切にしたいことについて考えま
した（資料３-５-１）。その結果、クラスでは、「学習」「友達」「安全」の３
つを大切にしていくことに決まりました。その後、子
どもたちとその価値を実現するための行動について考
え、行動チャート「クラスで大切にすること」（資料３
-５-２）として整理しました。

資料３-５-１　こんな学級にしたい！

> 4年1組をこんな学級にしたい！
> 　　　　　　　　　４　年　１　組　名前(
> 1　4年1組をどんなクラスにしたいかを書いてみよう！
>
> 楽しい、自由なクラス。でも、じゅ業
> 中は、きちんと、しゅうちゅうして、休み
> じかんは、めっちゃあそぶ！！

　　　学級では"３つの大切"の中でも、まず「学習」に
力を入れて取り組みました。特に、授業のはじめの切
り替えと準備、そして授業中の聞く姿勢を大切にすることとし、「グーチャレ
ンジ」という取り組みを始めました。「グーチャレンジ」とは、授業開始のチ
ャイム後、授業準備と聞く姿勢ができたら、児童自らグーを挙げて、教師に
合図するというものです。学級を大きく３つのグループに分けて、グループ
全員がグーを挙げることができたら、「がんばりのお花」（資料３-５-３）の
花びらを１枚もらえます。一日に５回はグーを挙げる機会を設け、５枚たま
ると１つの花になり、その花が100枚たまったら学級でお楽しみ会をする、と
いうこととしました。このような取り組みを通して、学級の子どもは教師の
指示なく自分で授業の準備ができるようになり、授業を聞く姿勢もよくなっ

資料3-5-2　行動チャート「クラスで大切にすること」

	学習を大切にする	友だちを大切にする	安全を大切にする
授業中	・先生や友だちの話をステキな聴き方で聴く。 ・手を挙げて発表をする。 ・ルールを守る。 ・しせいを正しくする。 ・字をていねいに書く。 ・班で協力して、勉強をする。	・班で協力して、勉強をする。 ・ルールを守る。 ・やさしい言葉を使う。	・授業中の移動は、静かにする。 ・教室やろうかは歩く。 ・ろうかの右側を歩く。 ・物を大切に使う。
休み時間		・仲良くする。 ・ゆずり合いをする。 ・けんかをしても、かいけつする。 ・やさしい言葉を使う。	・教室は歩く。 ・かいだんやろうかは歩く。 ・水を大切にする。 ・物（ボール等）を大切に使う。
給食		・静かに準備をする。 ・もぐもぐタイムになったら、静かに食べる。	・給食の移動は、歩く。 ・食器は大切に使う。 ・食べ物を大切に食べる。 ・水を大切に使う。
そうじ		・そうじを協力してする。 ・早くそうじが終わったら、教室を手伝う。	・そうじ道具を大切にする。 ・そうじをていねいにする。 ・水を大切に使う。

資料3-5-3　がんばりのお花

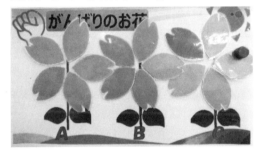

資料3-5-4　取り組み後の授業の様子

ていきました（資料3-5-4）。

　しかし、学級のほとんどの児童の行動がよくなっていくなか、児童Aのグーを挙げる回数は、まわりの子と比べるとかなり少ないものでした。

　そこで、児童Aの行動を改善していくための個別支援に取り組むこととしました。

児童Aの問題行動の種類と場面の特定

　　Aは、休み時間や自分の好きな教科の時間（図工や体育）は自ら取り組むことができるのですが、国語や算数などの座学中心の授業では、立ち歩き行動や私語が多く見られました。そのような行動に対して私が注意することが

第3章　やってみよう！PBIS実践集　73

資料3-5-5　個別チェックシート

（チェックシートの図）

多くなり、Aは徐々に私に反発するようになっていきました。私とAの関係は悪化し、指導が入りにくくなっていきました。そこで、Aにどのような支援が必要なのかを確かめるために、Aの様子を観察することにしました。

　Aの日ごろの授業での様子を観察するために、資料3-5-5の個別チェックシートを用いて記録をしました（項目は行動チャートの「学習」「友だち」「安全」を使用）。個別チェックシートは1週間で1枚となっており、記録の手間を考えて2時間の授業ごとに3つの価値を3段階で評定することにしました。「0」はまったくできていない場合や問題行動が見られた場合、「1」はできている場面が見られたけれど問題行動も見られた場合、「2」は問題行動が見られず友達への思いやり行動などいい行動が見られた場合としました。記録は2時間ごとでしたが、時間割をもとにどの教科、どの場面に問題が見られたか、いい姿が見られたかを分析しました。

　その結果、国語と算数の時間では、ノートが書けないことによって授業に集中できないこと、音楽の授業前には、音楽が苦手であることから音楽室に移動することを渋り、結果として授業に遅れたり参加できなかったりすることがわかりました。私は観察によってわかったAの困り感を支援していきたいと思いました。

児童Aへの支援

授業中の学習支援

　Aは黒板を見てノートに写したり、長い文章を書くことが苦手でした。そこで私は、あらかじめ穴埋め式のプリントシートを用意しました。そのシートを授業前にAに渡し、穴を埋めるように指導しました。Aは最初はクシャクシャにして捨ててしまうこともありましたが、少しずつ取り組めるようになり、授業中にAが必ず答えられる問題について質問したりしました。すると、個別支援前に比べると集中する時間が増え、友達の学習に対する妨害や立ち歩き、私語などの問題行動は少し減っていきました。

教室移動の際のサポート

　音楽の授業の際、音楽室へ移動することを渋るAに対して、以前は「早く

行きなさい！」などと注意をすることばかりで、Aの気持ちに寄り添うことはありませんでした。そこで、注意ではなく、ポジティブな会話や励ましに変えてみました。

　例えば、休みの日のことやAの好きなこと、私の好きなことなどを話して会話をしつつ、「何分になったら行ける？」「先生も行くから音楽室へ行ってみようか」などと言い、音楽室へ一緒に歩いていくことにしました。するとAは、みんなと行くことは難しいものの、少しずつ自分から音楽室へ足を運べるようになっていきました。

時間割を用いた前向きに授業に取り組むための話し合い

　A自身が日々の授業に見通しをもって取り組めるように、時間割を用いて、どの時間は頑張れているか、どの時間が苦手かを一緒に話し合いました。

　話し合いでは、「おれは今日、○○を頑張る」「○○はやらへん」などと話をしながら、自分で一日の見通しを立てました。毎日、話し合ったことと実際の授業の様子をAにフィードバックし、次はどうしていくか、何ができるかなどを話し合いました。するとAは、自分から算数の時間に集中するために「100マス計算のプリントをやりたい」と言ったりするようになり、学習に対する意欲が少しずつ見られ、集中する機会が増えました。

個別支援も学級経営の一つ

　児童Aの個別チェックシートの結果では、「学習」の評定はあまり変化が見られませんでしたが、「友達」「安全」の評定はよくなっていきました（資料3-5-6）。「学習」については、授業中の問題行動が見られる機会は減ったものの、発表したり、班で協力したりという学級全員に求めている授業での姿はまだ見られませんでした。しかし、問題行動が減ることによって、友達とのネガティブなかかわりも減ってきて、Aに対するまわりの友達の見方も少しずつ改善が見られていきました。その結果、Aの行動も変わっていったように思います。

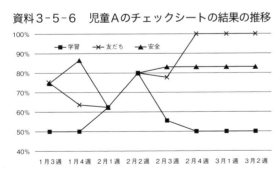

資料3-5-6　児童Aのチェックシートの結果の推移

　Aへの個別支援を通して、私は「この子ができるようなるためには、どうしたらよいか」という視点で取り組むことが大切だと実感しました。プリントシートづくりなど大変なこともありましたが、全体指導だけでなく、個別支援も学級経営の一つだということを学ぶ機会となりました。

6 【個別支援】特別なニーズのある子へのPBIS

渡邉悦子

　ＰＢＩＳの取り組みを始めて３年目の年。「今年もこれを学級経営の中で活かそう」と、小学校３年生の学級全体へのＰＢＩＳ（第１層〔グリーン〕支援）を行いました。年度初めは、できていない行動を正そうと、注意しあう関係だった子どもたちでしたが、少しずつ友達の「できている行動」に目を向けられるようになり、お互いに認め合ったり支え合ったりすることができてきたなとうれしく思っていた頃のことです。

　「先生！　『痛いからやめて！』と言っても、Ａ君が叩くのをやめてくれないので困っています。助けてください」「Ａ君が私のものを勝手に取って、壊してしまいました」という子どもたちからの訴えが毎日のように続きました。友達のよい行動に目を向けようとしていた子どもたちですが、暴力や大切なものを故意に壊されることには耐えられなかったようです。もちろん私にとっても、Ａ君は「気になる子」そのものでした。

　「どうすればＡ君とまわりの子どもたちが、もっと学校生活を楽しめるのだろう」。そんな気持ちがきっかけとなり、Ａ君のための個別支援を考えるようになりました。つまり、Ａ君の支援をＰＢＩＳでいう第２層（イエロー）支援へと進めることを考えたのです。

　第１層支援では行動の変化が難しかったＡ君。第２層支援を通して行動が変化し、友達との関係も大きく改善されました。ＰＢＩＳにおける第２層支援。私の学級での取り組みを紹介します。

Ａ君について

　Ａ君は、ＡＤＨＤ（注意欠如多動症）の疑いがありました。学業面においては学力も高く、支援を必要とする場面はほとんどありません。しかし、授業中の態度では問題が見られ、大きな声で私語を続けてしまったり、離席して友達のそばに行って話しかけてしまったりすることがしばしばありました。

　また、感情抑制が苦手なため、自分の思い通りにいかないことがあると大きな声を出して暴れ、暴力を振るってしまうこともありました。コミュニケーション面においても、自分の気持ちをうまく言葉で伝えることができず、支援が必要でした。

A君と保護者との面談

　A君が友達とトラブルになり、加害者となってしまったとき、私はA君に対して「今回のことみたいに、自分の行動で困ってしまうことはない？」と尋ねてみました。するとA君からは、「困っている。友達を傷つけていることもわかっているけれど、気がつくと暴力を振るってしまっている。やってしまった後に"あー、またやってしまった"と思う」という答えが返ってきました。保護者もこれをA君の課題としていたため、個別支援を進めることに対して、保護者もA君もすぐに合意をしました。

　個別支援において、子どもが最も混乱し、支援がうまくいかなくなってしまうこと。それは、「求められる行動の内容やレベル」が、子ども・家庭・学校の3者でまったく異なってしまうことです。そこで、第2層支援ではまず、支援方法やどの行動に支援をするか（ゴール）、考え方等を子ども本人と保護者と一緒に話し合い、共有していきます。具体的に、以下のような内容を確認しました。

---

①この取り組みは、A君がどれだけ頑張っているかを評価するためのものである。

②支援の方法は、行動改善のための個別チェックシートを作成し、担任と一緒に毎日振り返りを行う。

③担任は自己採点を尊重する。しかし、明らかな問題行動がある場合は、担任が採点への助言を行う。

④振り返りをする際は、担任からのポジティブな言葉かけをする。

　第2層支援においても、第1層支援同様、ネガティブな行動に着目するのではなく、ポジティブな行動を増やすことを大事にします。ですから、できていない行動を注意するのではなく、求められている行動が一日の中でどの程度できたかということに目を向けることが大切です。

個別チェックシートの作成

　面談の中で話し合った「どの行動に支援をするのか」を整理し、チェック項目をつくります。

　A君の場合、①授業中に離席をすること、②授業中に大きな声で私語をすること、③思い通りにいかなかったときに友達に暴力を振るうこと、④暴言を吐くこと、⑤友達や先生の持ち物を勝手に触ること、⑥イライラしたときに物を壊すこと、の6つが挙げられました。

これらを踏まえて、チェック項目を資料3-6-1のようにポジティブな表現でまとめます。さらに、この項目を個別チェックシートにまとめます（資料3-6-2）。

　A君と私は、この4つの項目に対して10点満点で採点し、一緒に昼休みと放課後を使って評価をすることにしました。また、この個別チェックシートは保護者にも毎日確認してもらいました。

資料3-6-1　A君のチェック項目

学習	・自分の席に着き、私語をせずに学習に取り組めたか。
行動	・思い通りにならなかったとき、暴力を振るわずに、言葉で説明したり、先生に助けを求めたりすることができたか。 ・友達や先生の持ち物を使いたいときは、「使ってもいい？」と確認してから使うことができたか。
言葉	・友達や先生に、適切な言葉遣いができたか。

資料3-6-2　A君の個別チェックシート

日にち	曜日	学習	行動	言葉	先生からのコメント
9月24日	木	4	4	3	少し離席しましたが、すぐに戻りました。
9月25日	金	3	5	5	「貸して」と聞いて、道具を借りました。
9月28日	月	3	4	4	「おはようございます」と目を見てあいさつすることができました。
9月29日	火	4	5	5	イライラしたとき、その場から離れました。
9月30日	水	5	5	5	私語を注意されると、すぐにやめました。
10月1日	木	5	5	5	イライラしたとき、その場から離れました。
10月2日	金	5	7	8	「教えてください」と、ていねいな言葉で尋ねることができました。
10月5日	月	7	6	7	ノートを出して学習しました。
10月6日	火	8	7	7	授業の内容をノートにまとめました。

中　略

日にち	曜日	学習	行動	言葉	先生からのコメント
10月28日	水	8	9	9	イライラしたとき、言葉で気持ちを伝えることができました。
10月29日	木	10	10	9	ノートをとり、最後まで私語をせずに学習に取り組みました。
10月30日	金	9	10	10	友達に確認して消しゴムを借り、お礼を言うことができました。

ご褒美の設定

　ご褒美の設定は、ポジティブな行動を一過性のもので終わらせず、持続させるためのものです。しかしＡ君の場合、すぐには行わず、個別チェックシートを開始して７日目に行いました。これは、どの程度達成できるかがわからない状況でご褒美を決めることは、ご褒美が効果的なものとならない可能性があると考えられたからです。

　６日目にＡ君に対して、「どの項目を、どれくらい達成したいか、目標はある？」と質問しました。するとＡ君からは、「３つの項目をすべて頑張りたい。そしてすべての項目が５点より高くなるように頑張る」との答えが返ってきました。

　私はＡ君と保護者と相談をし、「まずは５日間を目標として個別チェックシートに取り組むこと」「ご褒美は家庭で決めてもらうこと」を確認しました。

学級児童への共有

　Ａ君の場合、暴言や暴力といった問題行動が見られたため、学級の児童は問題行動に目を向けて数人で注意したり、「Ａ君とはかかわらない」という対応をしたりすることがしばしばありました。このように「できないこと」に目を向けすぎることは、Ａ君に対する過度の攻撃につながりかねません。

　そこで私は、Ａ君が取り組んでいくことを学級の子どもたちにも伝えることにしました。

実践後の変化

　授業中の離席は当たり前、気持ちが抑えられないときは友達や教師への暴言や暴力があったＡ君。そんな状況の中で、「本当はこんなことはしたくない。でもやってしまう」と、一番困っていたのもＡ君でした。

　少しずつですが行動が改善され、自己評価も高くなっていきました。それと同時に大きく変化したのは、Ａ君とまわりの子どもたちとの関係です。実践前はＡ君の問題行動に目を向けたり、かかわらないことを選択したりしていた子どもたち。実践後は、自分の気持ちをうまく伝えられないＡ君に対して「こう思っているの？」と優しく声をかけたり、「頑張っているね！」「今日は何点だったの？」とＡ君を応援したりする姿が増え、まわりの子どもたちもＡ君と積極的にかかわろうとしていることが実感できました。

7 【管理職】取り組む・きっかけをつくり、継続のために声をかけ続ける

佐藤博昭

ＰＢＩＳ始動！

　私が宮城県石巻市立万石浦小学校に校長として赴任して2年目の2015年5月、石巻市が「子どもの未来づくり事業」の一環として広島大学大学院の栗原慎二先生をお招きして「学習指導の改善を図る研修会」が始まりました。9月頃に栗原先生から、ＰＢＩＳをそろそろ学校全体で取り組んでもよいでしょうと話がありました。

　栗原先生からは、学校が設定している3つの目指す子ども像（「やさしく」「かしこく」「たくましく」）をもとに進めてみてはどうかと助言をいただきました。これは徳知体に対応しており、私がこれまで勤務した学校でも似たような子ども像が設定されていました。具体的には、給食や掃除、授業、行事、休み時間、トイレを利用するとき、登下校時等のさまざまな学校生活場面で「やさしく」「かしこく」「たくましく」とはどういうことか、どのように行動したらよいかについて、子ども同士で考えさせ、それを意識させて生活させていってほしいというものでした。

　この話を受け、管理職としてどのように職員や子どもたちにＰＢＩＳを浸透させていくか大いに悩みました。職員に対して、職員会議等で栗原先生に教えられた通り指示を出して、担任に任せて進める方法もありましたが、教員によって受け止め方も違います。これが子どもに対してとなると、さらに差が生じてくるのではないかと考えました。そして、結論としては、校長が最初に子どもたちの前でＰＢＩＳの導入を行うことに決めました。

　私が子どもたちの前で話をするとしたら朝会を利用するのが一番です。さっそく準備を始めました。給食や掃除等は学級での導入に使ってほしいと考え、近々行われる「学芸会」を取り上げることにしました。

朝会での最初のＰＢＩＳ

　学芸会で子どもたちが考えたスローガンは「心を一つに思い出に残る学芸会にしよう」でした。これと目指す子ども像を結びつけて指導することにし

資料3-7-1　朝会で使用したスライド

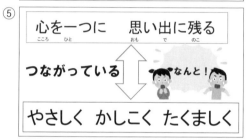

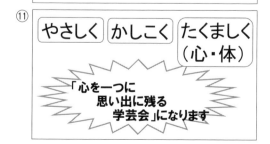

ました。先生たちの願いの根底にあるのは「やさしく」「かしこく」「たくましく」であることを伝え、この願いとみんなが考えたスローガンは、実は関係があるという話から始めました。なお、「たくましく」は知徳体の体が本来のねらいでしたが、今回は心のたくましさも含めることにしました。こちらのほうが、とらえやすいと判断したからです。実際は、スローガンを「思い出に残る」と「心を一つに」に分けて、これが子ども像とどのように関係しているか、スライドを使って説明していきました（資料3-7-1）。

　例えば「『思い出に残る』こととは、最後に『うまくいったぞ！　頑張ったぞ！』と言えるようになることで、そのとき心の中で『あのとき、負けずに練習してよかった…』と思うこともあるはずです。これは『やさしく』『かしこく』『たくましく（心・体）』のどれと関係していると思いますか」と問いかけました。子どもたちからは「たくましく（心）」と返事が返ってきました。

　このようにして、3つの子ども像のうち、「たくましく」と「かしこく」だけ取り上げて話をしていきました。

　最後に残った「やさしく」は、「学芸会の練習や本番で、やさしくするとはどんなことでしょう？」と問いかけ、自分だけの「やさしく」を考えて実践してみましょうと投げかけて終わりました。子どもたちは、教室に帰ってから話し合いを行い、自分なりの「やさしく」を決めました。

　また、学芸会当日は、校長あいさつの中で、このことにも触れ、「保護者の皆さまにも、学芸会の演技や練習の中で、3つの子ども像と関連した頑張りに気がついたら、ぜひ、いっぱいほめていただきたい」とお願いしました。

その後のPBIS

　この朝会できっかけをつくり、PBISが本校でも始まりました。先生方は、何をしたらよいのか、最初はなかなかイメージできなかったようですが、これによって共通理解が図られ、子どもたちへの投げかけも混乱を招くことなく、円滑に進めることができました。

　この後、先生方は、給食、掃除、休み時間、登下校時間、学年・学校行事等々で、3つの目指す子ども像をもとに子どもたちに具体的な姿を考えさせ、常に意識して生活するよう指導を進めていきました。教室の壁面や廊下に、子どもたちが考えた姿を掲示する学級も出てきました。

　私も、この後の朝会からは、PBISを意識して話をしていきました。取り上げたものは、「ハロウィンとサッカーワールドカップでのごみ拾い」「外国人旅行客に人気の宿　ファミリーイン西向の何でもするサービス」「新幹線お掃除の天使たち」「リオオリンピックでのタクシードライバーへの寄付金集め」「電車とホームの間に挟まった人の大救出」「学校の水槽の掃除や水替え

を毎月してくれる、地域に住む鈴木さん」等です。どれも「やさしく・かしこく・たくましく」と関連させた話をスライドで作成しました。

また、子どもへの定着を図るために、ローマ字にしたときの頭文字から、Y（やさしく）・K（かしこく）・T（たくましく）の3文字を合言葉のようにして示してきました。これは、かなり子どもたちには好評だったようで、低学年は、校長室の前であいさつの後に「YKT！」と元気な声で言ったり、両手を動かして体でYKTの文字をつくったりしていました。

管理職として

管理職として私がしたのは、PBISに取り組むきっかけをつくったことと、PBISを継続して行うよう声かけを続けたことです。特に、朝会できっかけを示したことは大きかったと思います。もし、朝会での説明がなかったら、子どもや先生方の意識を高めることはできなかったかもしれません。

私は、研修が始まって2年で異動しましたが、この間、子どもたちは少しずつ変わってきました。印象としては、突然変わるのではなく、少しずつ、気がついたら変わっていたという感じです。放課後の生徒指導がほとんど必要なくなっていたり、アセス（6領域学校適応感尺度）の結果で前向きな子どもが増えていたり、保健室の利用率が下がってきたりと、さまざまなところでその変化は現れていました。例として、実践1年目で、一番効果が見られた学級のアセスの結果（友人サポートと向社会的スキル）を示します（資料3-7-2）。

2年間、この取り組みを行い、管理職として強く感じていることは、「必ず変わると信じて継続すること」でした。「リーダーとしてぶれないこと」が最も重要であると感じています。この研修は3年目も継続して行われていますが、子どもたちがこれからどのように成長していくか楽しみです。

資料3-7-2　アセスの結果

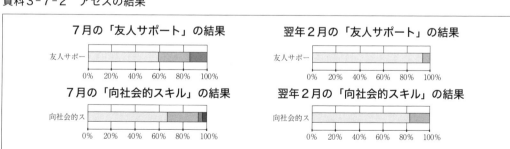

＊この棒グラフはクラス全体の適応の状態を示しており、左から順に、50以上の割合を青、40以上50未満を緑、30以上40未満をオレンジ、30未満を赤で示している。青や緑の割合が多ければ、クラス全体が適応的なことになる。したがって、PBIS実施後のほうが、友人サポートにおいても、向社会的スキルにおいても、適応的になっていることがわかる。

8 【アメリカ】学校全体で取り組む・PBIS
豊かな社会人、市民になることを願って

中川優子

　ホワイトリー小学校は、アメリカ・シカゴにある公立の学校です。その学校目標は、児童一人一人の自己規律の発達を手助けすることです。学校そして家庭がチームとなり、よりよい市民を生み出す責任を担っています。そして、保護者、学校スタッフ、そして児童が共に働きかけ合い、安全な学習環境の維持に努めています。

　保護者もチームの大切な一員です。ですから、ＰＢＩＳを新たに導入する際には、保護者説明会を行いました。年度始まりの学級懇談会でも、ＰＢＩＳの内容が説明されます。また、各クラス担任からの学級だよりにＰＢＩＳの活動を載せたり、保護者向けのＰＢＩＳパンフレットも配付しています。

　ＰＢＩＳには学校のすべてのスタッフが関与しており、その第一の責務は、望まれるポジティブな行動を児童に指導することです。そして児童たちには、何が望ましい行動なのかを知り、自らがより適切な行動をする責任があり、学校全体で掲げている望ましい行動がとれなかった場合、自らがその行動に責任を持ちます。

教育委員会が柱となってＰＢＩＳを推進

　ＰＢＩＳは、ホワイトリー小学校を含む学校区全体（20の小学校・中学校）で導入されています。

　各学校でのＰＢＩＳは、教育委員会を大きな柱として展開されています。教育委員会には、ＰＢＩＳコーディネーター（スクールサイコロジスト）が存在します。ＰＢＩＳコーディネーターは、ＰＢＩＳ Organizationのトレーニングを受け、ＰＢＩＳの知識、データ管理、運営方法等を習得し、学校区内のすべての学校のＰＢＩＳの指導にあたります。

　ホワイトリー小学校には、管理職（校長、副校長）をはじめ、学校秘書官、クラス担任、補助教員、専科（音楽、体育、図画工作）の教員、保健師（正看護師の有資格者）、学習支援教員、読みのプログラムの専門家、言語療法士、作業療法士、理学療法士、スクールサイコロジスト、ソーシャルワーカー、ＥＳＬ／バイリンガル教員、司書士、用務員、給食コーディネーターなど、さまざまなスタッフが存在しています。ＰＢＩＳの導入初年度には、こ

れらのすべての学校スタッフを対象に、教育委員会のPBISコーディネーターによって、「PBISの基本概念」「PBISの導入の目的」「各層の役割」「学校スタッフとしての役割、責任」などをテーマとしたワークショップが行われました。

そして、学校の全スタッフによって、以下のような学校全体で行うPBISの基礎的概要が、確認されました。

①学校が掲げる行動に関する望ましい行動指針

Be Respect　　　　　敬う、尊敬する

Be Responsible　　　責任を持つ

Be Safe　　　　　　　安全を保つ

②望ましい行動 matrix（行動チャート）の作成

③望ましくない行動の Major／Minor の区別

④それぞれの行動の定義

このように一斉に行われたワークショップによって、すべての学校スタッフがPBISに関する共通した基礎知識を持ち、理解を高め、質の高い基盤を確立しました。そして、学校のすべてのスタッフが一つのチームとなり、児童一人一人の行動への支援・介入を趣旨としたPBISの導入、実践へと進みました。

PBISの導入にあたり、一人一人のスタッフの知識・理解を高めることが必須であると同時に、学校内で利用できる専門性を確認することも重要です。学校内に存在する専門家の知識を共有することにより、さまざまな決断をする際に、多くのリソース・情報を収集し、最善の結果・結論を生み出し、効率的で有効な指導・介入が学校環境の中に生み出される必要があると思います。

PBISの三層構造

PBISは三層の多層構造でシステマ化されています。当学校でPBISを取り入れてから5年が経ちました。一つの高層ビルを建設するように5年の月日を費やし、まず工事の基本部分の土台の第1層（グリーン）が立ち上げられ、そこから収集・分析されたデータをもとに第2層（イエロー）が形成され、そして最後に、経験豊かな専門家と収集・分析されたデータを主なリソースとして第3層（レッド）が昨年度から機能し始め、すべての層の支援形態が設立されました。

学校内においては、各層（第1層、第2層、第3層）それぞれの実行委員会が設けられています。各層の実行委員会は、幅広い分野のスタッフから構

成されており、それぞれの層の特色を担った役割を在籍しているスタッフが責任を持って果たしています。

データ分析に基づいた指導・介入

　ＰＢＩＳは、児童生徒の行動に関するデータ収集・分析をもって実施されるといっても過言ではないでしょう。

　従来の児童生徒の行動に関する指導は、望ましくない行動、または問題が起きてから介入（叱ったり、罰を与えたり）していました。しかし、ＰＢＩＳでは、「よい行動は学ぶことができる」ということを行動分析的アプローチの一つとして謳っています。よい行動を指導するには、以下のような点に関してデータを収集し分析する必要があります。

　①学校内において、どのような行動がまだ習得されていないのか？

　②いつ、その行動は起こるのか？

　③どうして、その行動が起こるのか？

　④どのように、指導したらよいのか？

　収集されるデータ内容は、それぞれの層によって異なります。

第1層（グリーン）：一次支援で分析されるデータと指導・介入

　学校全体として、1年を通してのパーセント化した行動目標を立てます。ホワイトリー小学校では、昨年は各月88％の児童がよい行動をとっていることを目標にしました。一次支援では、全児童を対象に、望ましくない行動をデータ化し、月ごとにデータ分析されます。

　データ内容は、①児童名、②性別、③望ましくない行動（定義された行動別に。例えば、反抗的な態度、不適切な言葉遣い、乱暴的な行動）、④その行動が起きた時間、⑤学年、⑥場所、などです。

　例えば、新年度始まりと学年度終わりの登下校の際、「チャイムと同時に走り出す」「廊下を走る」「スクールバスに乗り込むとき友達を抜かして乗り込む」などの不適切な行動が多く観測されました。これらに対しては、廊下の歩き方、スクールバスに向かう間の安全確認などの指導・介入を行いました。

　また、シカゴでは、寒さ厳しい冬を迎えます。過去数年のデータにより、室内遊びが多くなる1月、2月の行動が乱れる傾向が観察されました。「大声で騒ぐ」「遊び道具を不適切に扱う」「友達を押す」「教室内を走る」などの行動に対しては、室内遊びをより快適に過ごす望ましい行動（教室内での行動、声の大きさ、遊びやその方法の選択）などについての指導・介入を行いました。

第２層（イエロー）：２次支援のデータは３次支援の資料に

　第２層で支援されている児童の個々のデータは、毎日観察・収集され、データを１週間単位で分析します（「チェックイン・チェックアウト」のシステムから）。２次支援で収集されたデータは、３次支援へと移行する児童への支援の大きな資料ともなります。

　このように、収集したデータから目標行動を見極め、いつ、どの行動を、どのように行うのかという細かな視点から、より豊かな指導・介入方法を見出すことが可能になります。そして、児童に「よい行動とは？」を提示し、望ましい行動を学ぶ機会を増やすことができます。さらには、児童一人一人が自らよい選択を見出し、より望ましい行動を促すことへと結びつきます。

　的確な指導・介入方法を実施するためには、データによる運営は重要であり、不可欠といえるでしょう。

科学的実証に基づいたプログラム・支援方法

　データをもとに児童に望ましい行動の指導・介入が可能になりますが、その際、大きな戦力となるのがエビデンスに基づいた支援プログラムです。

　学校内には、ソーシャルスキルの育成や、その実行を促したり、よりよい問題解決を見つけたりするなどという、さまざまなスキルの指導が必要な児童が存在します。その際、効率性、有効性、即効性、そして実践力を生み出す専門的に実証されたプログラムが必要となります。このプログラムを用いることで、児童がより早く必要とするスキルを習得し、応用できる機会を多くつくることが可能となります。

　ＰＢＩＳを導入していく過程には、いくつかのカギとなる要素があります。①豊かな専門性、スタッフの知識、実践力、②データ収集・分析、③豊かな資源、リソース（実証に基づいたプログラムなど）、④すべてのスタッフが学校全体でチームとなって動く。こうした要素を確立し、それらを相互的に高め合うことで、児童に対する望ましい行動を促す実効性の高い指導ができると考えられます。

　当学校、そして当学校区全体（小学部・中学部）で導入されているＰＢＩＳから、児童生徒が望ましい行動を学び、多くの選択肢の中から自らよりよい決断を導き出し、その決断と自らの行動に責任を持ち、豊かな社会人、市民になることを願っております。

〈参照Website〉
PBIS.org Home Page　https://www.pbis.org/
IL PBIS Redirect　http://www.pbisillinois.org

付録　ＰＢＩＳ実践で使えるカード・ワークシート集　　松山康成・枝廣和憲

付録1「ありがとう よかったよカード」

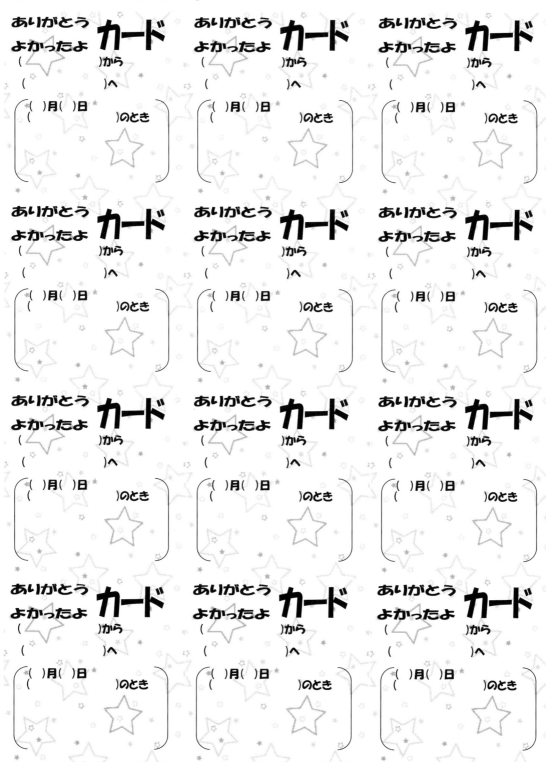

＊12枚に切り離して使います。
＊本書等でＰＢＩＳの理解を深め、「ありがとう よかったよカード」「ポジティブカード」を活用し、ＰＢＩＳの取り組みを成功させましょう！

付録2 「ポジティブカード」

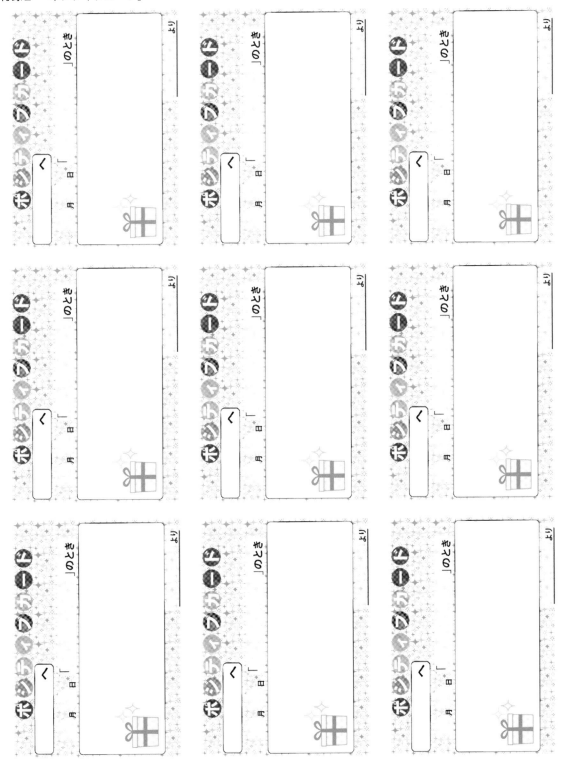

*9枚に切り離して使います。
*「ポジティブカード」「ポジティブカード付箋」は松山と（株）福分堂が共同開発したものです。https://kyo-shoku.net/

付録3 「Good Behavior チケット」

＊6枚に切り離して使います。
＊本書等でＰＢＩＳの理解を深め、「Good Behavior チケット」を活用し、ＰＢＩＳの取り組みを成功させましょう！

©K. Edahiro

付録4　行動チャート（場所ごと）

「○○（「よい行動の」「ステキな」「望ましい」「期待する」など）」行動チャート

価値（期待）	場　面					
	教室で	廊下で	グラウンドで	図書室で	体育館で	トイレで
○○を大切にする （○○を尊重する） （○○を大事にする）						
○○を大切にする （○○を尊重する） （○○を大事にする）						
○○を大切にする （○○を尊重する） （○○を大事にする）						

付録5　行動チャート（時間ごと）

○年○組　ＰＢＩＳ行動チャート

	○○を大切にしよう	○○を大切にしよう	○○を大切にしよう
登校			
授業中			
休み時間			
給食時間			
そうじ時間			
下校			

付録6　個別チェックシートA（時間ごと）

個別チェックシートA　（　　）月　（　　）週目　　名前（　　　　　　　　イニシャル可）

日付 \ 時間			1	2	3	4	5	6	合計
月	日	月	0・1・2	0・1・2	0・1・2	0・1・2	0・1・2	0・1・2	/18
月	日	火	0・1・2	0・1・2	0・1・2	0・1・2	0・1・2	0・1・2	/18
月	日	水	0・1・2	0・1・2	0・1・2	0・1・2	0・1・2	0・1・2	/18
月	日	木	0・1・2	0・1・2	0・1・2	0・1・2	0・1・2	0・1・2	/18
月	日	金	0・1・2	0・1・2	0・1・2	0・1・2	0・1・2	0・1・2	/18

書き方の手順
①日付を書き、1日6回、3段階で個別に子どもの評価をします。
②授業中の様子を評価します。
③3段階の評価は0（問題行動が見られ、課題が遂行できていない場合）、1（問題が見られたが、課題を遂行できている場合）、2（問題は見られず、課題ができている場合）とします。

合計
/90
（　　%）

付録7　個別チェックシートB（課題ごと）

個別チェックシートB　（　　）月　（　　）週目　　名前（　　　　　　　　イニシャル可）

日付 \ 課題			学習	友だち	安全	コメント
月	日	月	0・1・2	0・1・2	0・1・2	
月	日	火	0・1・2	0・1・2	0・1・2	
月	日	水	0・1・2	0・1・2	0・1・2	
月	日	木	0・1・2	0・1・2	0・1・2	
月	日	金	0・1・2	0・1・2	0・1・2	
合計			/10	/10	/10	1週間合計　　/30　（　　%）

書き方の手順
①日付を書き、1日1回、3段階で個別に子どもの評価をします。
②授業中の様子を評価します。
③3段階の評価は0（問題行動が見られ、課題が遂行できていない場合）、1（問題が見られたが、課題を遂行できている場合）、2（問題は見られず、課題ができている場合）とします。

付録7　個別チェックシートC（時間・課題ごと）

個別チェックシートC　（　　）月　（　　）週目　　名前（　　　　　イニシャル可）

		学習 （授業の課題を行う）	友だち （友だちと仲良く過ごす）	安全	合計
月　　日 （月）	1-2h	0・1・2	0・1・2	0・1・2	/6
	3-4h	0・1・2	0・1・2	0・1・2	/6
	5-6h	0・1・2	0・1・2	0・1・2	/6
	コメント				合計 /18
月　　日 （火）		学習	友だち	安全	合計
	1-2h	0・1・2	0・1・2	0・1・2	/6
	3-4h	0・1・2	0・1・2	0・1・2	/6
	5-6h	0・1・2	0・1・2	0・1・2	/6
	コメント				合計 /18
月　　日 （水）		学習	友だち	安全	合計
	1-2h	0・1・2	0・1・2	0・1・2	/6
	3-4h	0・1・2	0・1・2	0・1・2	/6
	5-6h	0・1・2	0・1・2	0・1・2	/6
	コメント				合計 /18
月　　日 （木）		学習	友だち	安全	合計
	1-2h	0・1・2	0・1・2	0・1・2	/6
	3-4h	0・1・2	0・1・2	0・1・2	/6
	5-6h	0・1・2	0・1・2	0・1・2	/6
	コメント				合計 /18
月　　日 （金）		学習	友だち	安全	合計
	1-2h	0・1・2	0・1・2	0・1・2	/6
	3-4h	0・1・2	0・1・2	0・1・2	/6
	5-6h	0・1・2	0・1・2	0・1・2	/6
	コメント				合計 /18

書き方の手順
①日付を書き、1日3回、3段階で個別に子どもの評価をします。
②授業中の様子を評価します。

1週間合計　　　　/90

（　　　　%）

③3段階の評価は0（問題行動が見られ、課題が遂行できていない場合）、1（問題が見られたが、課題を遂行できている場合）、2（問題は見られず、課題ができている場合）とします。

おわりに ❀ ⋆ ˙ ❀ ⋆ ˙ ❀

　2011年、バーンズ亀山静子先生に「最近のアメリカで注目すべきものって何？」と聞いたところ、「ＰＢＩＳだね。シカゴのホワイトリー小学校が成果を上げているよ」と言われました。これがＰＢＩＳ（Positive Behavioral Interventions and Supports：ポジティブな行動介入と支援）を知るきっかけでした。

　そして2012年、2013年とシカゴを訪問。特に2013年は、「ホワイトリーは前年度、シカゴ15学区のなかで最も子どもたちを伸ばした」と聞いていたので、期待して再訪しました。ところがそこで見た光景は、「これって学級崩壊？」というような光景でした。ホワイトリー小学校の中川優子先生曰く、「学校の評判を聞いて、年度当初いろいろな子どもが入学してくる。でも年度の終わりには子どもが変わる。本当は年に２回来てその差を見てもらえるといいんだけどねぇ」とのことでした。「本当か？」と思ってよく見てみると、静かではないけれど子ども全員が「学びに集中」しているのです。「なるほど。この積み上げか」と思った瞬間でした。授業中、話をしないで背筋を伸ばしていればボーッとしていても評価される日本と、姿勢や学び方はどうであれ、しっかりと学ぶことが求められるホワイトリー小学校の差に驚きました。

　その他にも、先生たちの子どもとかかわる姿勢や、ありとあらゆるものがデータ化され、そのデータに基づいて対策が協議され、教育活動が定期的に刷新されていく光景にもびっくりしました。データに基づいて教育を創造していく、それがＰＢＩＳなのかと圧倒されたのを覚えています。

　以来、バーンズ先生と中川先生には毎年広島で研修会を開いてもらっています。そうした中で日本でも少しずつ実践が広がってきました。今回の出版にあたり、私にＰＢＩＳを紹介し、ＰＢＩＳを熟知するお二人に今後の日本のＰＢＩＳの羅針盤となるような文章をお願いしました。

　枝廣和憲先生、松山康成先生、渡邉悦子先生は一緒にシカゴやニューヨークに行ったメンバーで、私のゼミ生でもあります。滝川優先生、松本一郎先生、三宅理抄子先生、大西由美先生、佐藤博昭先生は私の知人で、庭山和貴先生、山下晴久先生、沖原総太先生は枝廣先生や松山先生の知人です。人の輪が広がるようにＰＢＩＳの実践の輪も広がってきているということです。まだ「これがＰＢＩＳ」といえる水準にまでは到達してはいませんが、日本の生徒指導に変革を起こす可能性を感じさせる、挑戦的な実践ばかりです。

　本書が、生徒指導の新しい風を巻き起こすことを願っています。

2017年11月

栗原　慎二

【編著者紹介】

栗原慎二 広島大学大学院人間社会科学研究科教授

埼玉大学大学院文化科学研究科修士課程修了、兵庫教育大学大学院学校教育学研究科修了、博士（学校教育学）。埼玉県立高校教諭を経て、現在、広島大学大学院人間社会科学研究科教授。公益社団法人学校教育開発研究所（AISES）代表理事。
【主な著作】『教育相談コーディネーター』ほんの森出版（単著）、『マルチレベルアプローチ だれもが行きたくなる学校づくり』ほんの森出版（編著）、『アセスの使い方・活かし方』ほんの森出版（共著）、『児童・生徒のための学校環境適応ガイドブック』協同出版（編著）、『新しい学校教育相談の在り方と進め方』ほんの森出版（単著）、他多数

【執筆者一覧】(50音順 所属は初版時)

枝廣和憲（名古屋市立大学大学院人間文化研究科准教授 岡山県総社市教育委員会スクールカウンセラー）第2章②・付録

大西由美（岡山県立岡山大安寺中等教育学校教諭）第3章③

沖原総太（大阪府寝屋川市立啓明小学校教諭）第3章⑤

栗原慎二（広島大学大学院教育学研究科教授）編著者・プロローグ・おわりに

佐藤博昭（宮城県利府町教育委員会教育次長 前宮城県石巻市立万石浦小学校校長）第3章⑦

滝川 優（新潟県新潟市立大通小学校教諭）第3章①

中川優子（イリノイ州第15区教育委員会 フランク・シー・ホワイトリー小学校第2外国語バイリンガル教師）第1章①・第3章⑧

庭山和貴（大阪教育大学連合教職実践研究科特任准教授）第1章③

バーンズ亀山静子（ニューヨーク州スクールサイコロジスト）第1章① 第1章②

松本一郎（岡山県倉敷市教育委員会参事 前岡山県総社市立総社西中学校教頭）第3章②

松山康成（大阪府寝屋川市立啓明小学校教諭）第2章①・第2章③・付録

三宅理抄子（岡山県総社市立総社東中学校教諭 前岡山県総社市立総社西中学校教諭・スクールカウンセリングチーフ）第3章②

山下晴久（奈良県上牧町立上牧中学校教諭）第3章④

渡邉悦子（福岡県北九州市立公立小学校教諭）第3章⑥

ポジティブな行動が増え、問題行動が激減！
ＰＢＩＳ実践マニュアル＆実践集

2018年1月10日 第1版 発行
2023年2月10日 第3版 発行

編著者 栗原慎二
発行者 小林敏史
発行所 ほんの森出版株式会社
〒145-0062 東京都大田区北千束 3-16-11
Tel 03-5754-3346 Fax 03-5918-8146
https://www.honnomori.co.jp

印刷・製本所 研友社印刷株式会社

© Shinji Kurihara, et al., 2018 Printed in Japan ISBN978-4-86614-106-0 C3037